INVENTAIRE
V 42,587

AF308884

LA
FRANCE INDUSTRIELLE

ET

COMMERCIALE

PAR

AUG. JEUNESSE

A PARIS

CHEZ N. J. PHILIPPART, ÉDITEUR

4 — Rue Honoré-Chevalier — 4

ET DANS LES DÉPARTEMENTS

CHEZ TOUS LES LIBRAIRES

BIBLIOTHÈQUE PHILIPPART

LA FRANCE

INDUSTRIELLE

ET

COMMERCIALE

Histoire — Statistique — Productions
des divers pays comparées avec celles de la France
Exportations — Importations
Système commercial.

OUVRAGE RÉDIGÉ D'APRÈS LES DOCUMENTS OFFICIELS LES PLUS RÉCENTS

PAR

Auguste JEUNESSE

PARIS

N.-J. PHILIPPART, ÉDITEUR

4, rue Honoré-Chevalier, 4

ET DANS LES DÉPARTEMENTS

Chez tous les Libraires

TABLE DES MATIÈRES.

LA FRANCE

INDUSTRIELLE ET COMMERCIALE

Il serait difficile de donner une définition exacte des mots commerce et industrie, et il serait infiniment plus aisé de procéder par exclusion, c'est-à-dire d'indiquer ce qui n'est pas de leur domaine, que de faire l'énumération de ce que le génie inventif de l'homme et les progrès de la civilisation ont su transformer en matières propres à être d'abord travaillées, ensuite échangées contre d'autres produits, ou contre du numéraire.

Le commerce est né avec l'homme, car l'échange est partout, et, comme l'a dit M. Destutt de Tracy, nous le trouvons partout à des degrés différens, chez les tribus sauvages comme chez les nations les plus avancées dans la civilisation.

Le travail est la loi de l'humanité : or, si commercer est échanger, pour avoir à échanger il faut produire, et produire c'est travailler, soit qu'on transforme, qu'on conserve ou qu'on transporte. Ce sont ces trois actions : transformer, conserver et transporter qui renferment rigoureusement les élémens de l'industrie et du commerce.

Le commerce dans son enfance est local ; il s'exerce aux lieux mêmes de la production ; lorsqu'il grandit il devient nomade, il visite les localités voisines ; s'enhardissant toujours, il s'aventure dans des contrées plus éloignées, il longe les côtes, et finit par traverser les mers : on a dit, et avec raison, que le commerce est une vaste chaîne dont le point de départ est une humble boutique ou la balle d'un colporteur, et dont les derniers anneaux sont des magasins splendides, des comptoirs cosmopolites, les grandes industries et les puissantes compagnies financières, — alors que la balle du colporteur s'est transformée en un navire jaugeant 2,000 tonneaux.

Les premières occupations de l'homme, lorsque Dieu lui eut dit qu'il mangerait son pain à la sueur de son front, c'est-à-dire lorsque la divinité imposa à l'humanité la loi du travail, furent, en même temps que le soin des troupeaux, la chasse et la pêche. Un chasseur heureux échangea une partie du produit de son adresse contre une partie de la pêche de son voisin : les bases du commerce étaient jetées.

Il serait donc inutile de rechercher, à travers les monumens des premiers âges ou en consultant les traditions, quel fut le premier peuple qui se livra au commerce : tous les peuples, toutes les tribus, toutes les familles, ont dû opérer des échanges, dès qu'il y a eu des familles, des tribus, des peuples. Seulement ces échanges ont eu plus ou moins d'importance d'après le genre de vie, les occupations des tribus, des peuplades, des nations, et d'après le degré de leur avancement.

Un auteur allemand, Heeren, qui s'est beaucoup occupé de l'histoire des peuples de l'antiquité, a dit que *l'échange des marchandises engendre l'échange des idées* : il a démontré la vérité de cet axiome en prouvant que le développement du commerce et de l'industrie a toujours, et chez tous les peuples, suivi une marche parallèle aux progrès des sciences et des arts, le négoce tombant lorsque le niveau de la civilisation s'abaisse, pour reprendre son essor lorsque les nations sont rentrées dans la voie du progrès. L'Inde et l'Égypte devaient donc être, et elles l'ont été en effet, les premiers centres d'un commerce de quelque importance réelle, et nous voyons qu'on allait y chercher, dans une haute antiquité, l'or, les pierreries, les épices, les drogueries, les soies, le coton, que ces contrées produisent en si grande abondance. Bientôt Tyr devint le grand entrepôt du commerce de la Méditerranée, ce grand lac entre les nations qui habitaient les trois parties du monde ancien, et qui pouvaient communiquer entre elles en en suivant les côtes, sans se livrer aux périls de la navigation. Nous devons ajouter cependant que, si Tyr était approvisionnée par des caravanes qui lui apportaient les épices, l'ivoire et les aromes de l'Inde et de la Perse, il y avait aussi dans le golfe Arabique, le golfe Persique et jusqu'à l'Indoustan, quelques excursions maritimes favorisées par les moussons, et que les navires phéniciens distribuaient sur tous les bords de la Méditerranée les produits de l'Indoustan et de l'Égypte.

Notre cadre ne nous permet point de suivre les fortunes diverses de Tyr, sa prospérité et sa décadence, l'opulence et la chute de Carthage qui lui succéda dans l'empire du commerce. Pour aborder notre sujet, nous passerons sur les grandes entreprises commerciales de la Grèce, dont les colonies peuplèrent les bords de la mer Noire jusqu'à la Tauride, d'où elle tirait des grains pour la population méridionale de l'Europe. Nous ne parlerons pas davantage du développement rapide du commerce de l'Espagne, afin d'arriver à Marseille, la colonie phocéenne où le commerce et l'industrie florissaient déjà cinq siècles avant l'ère chrétienne, et qui devint après Cadix la première ville commerçante de l'Europe.

Marseille sut toujours conserver des relations suivies avec le Levant, d'où elle tirait du papier, des épices, du lin fin, et même des légumes qu'elle importait chez elle pour la consommation du pays, ou qu'elle réexportait dans les contrées voisines. Nous reviendrons tout à l'heure sur l'importance du rôle que Marseille se créa dans les relations du monde commercial. Arrêtons-nous un moment sur la grande transformation que l'introduction du christianisme vint opérer dans le monde ancien.

Les peuples descendus du Nord avaient envahi l'Europe du milieu et l'Europe méridionale. Dans leur course effrénée, ils avaient détruit les derniers vestiges de la civilisation; l'empire romain était tombé, et si au milieu de ces ruines amoncelées une voix isolée faisait entendre de temps en temps des paroles de consolation, de paix et d'espoir, cette voix était celle d'un apôtre de la religion d'amour, de la religion nouvelle, qui avait bien pu avoir ses prosélytes, ses martyrs, ses pontifes, et être adoptée par Clovis (en l'an 496), mais dont les principes n'étaient guère suivis par des populations à peine arrachées aux pratiques du paganisme. Si les plaies ne sont pas guéries instantanément par le christianisme, elles commencent du moins à se cicatriser, et les ténèbres de l'ignorance sont peu à peu dissipées par une lueur faible d'abord, mais qui va grandissant jusqu'à ce que la civilisation ait repris sa marche si violemment interrompue.

« Le christianisme, dit un auteur allemand, M. Scherer, le christianisme doit occuper une place éminente dans une histoire du commerce. Par ses missions, il a ouvert les routes; par ses monastères et ses abbayes, il a donné aide et protection aux travaux pacifiques de l'agriculture, du commerce et de l'industrie; enfin par les croisades il a rétabli les communications avec l'Orient. »

Charlemagne, de son regard d'aigle, avait vu le contingent immense que le développement du commerce et de l'industrie devait apporter au grand œuvre de la régénération sociale. Les hommes de confiance, les *missi dominici* du grand empereur, qui avaient pour mission de parcourir les provinces de ses nombreux États, et de faire connaître au souverain les besoins de ses sujets, devaient étudier le moyen de rendre le commerce plus prospère : la grande foire établie à Aix-la-Chapelle et le développement des foires de Troyes et de Saint-Denis doivent être signalés parmi les mesures adoptées, ainsi que la création d'un grand nombre de routes et l'amélioration de celles existantes. C'est aussi à Charlemagne que Lyon doit les éléments de la prospérité de son commerce, et ce fut le temps seul qui manqua au grand empereur pour accomplir des travaux gigantesques destinés à favoriser le commerce, travaux parmi lesquels nous citerons la création d'un canal destiné à joindre le Rhin au Danube.

Revenons maintenant à Marseille, si favorablement située pour le commerce avec le Levant : aussi prendelle une part active aux croisades qui eurent pour but non-seulement d'arracher aux Sarrasins la contrée qui fut le berceau du christianisme, mais aussi de rentrer en possession des établissemens commerciaux que les invasions des infidèles dans la Terre-Sainte avaient enlevés aux Européens. En effet, nous voyons dans les *Acta sanctorum* que, longtemps avant les croisades, les foires de Jérusalem attiraient beaucoup de marchands chrétiens.

Marseille charge donc annuellement plusieurs navires de pèlerins, elle fait des traités avec l'ordre des Templiers et l'ordre de Saint-Jean-de-Jérusalem (en 1279) ; elle obtient des possessions du roi de Chypre (un château fortifié) et du roi d'Aragon (trois cents maisons, une mosquée et trente-neuf fabriques dans l'île de Majorque); elle fonde des comptoirs en Syrie; enfin elle jette, — dans le XIIIe siècle, — les bases d'un droit maritime international où nous serons étonnés de rencontrer des principes qui n'ont pas été admis sans difficulté dans le droit des gens de l'époque actuelle :—« Lors même que l'on est en guerre contre une ville ou un État, il faut respecter les propriétés particulières de cette ville ou de cet État, » disent les statuts marseillais rédigés vers l'an 1255.

Nous avons dit que Marseille tirait des ports de Syrie les épiceries et un grand nombre d'objets de consommation pour la Provence : elle allait chercher à Bagdad le plus estimé des indigos, celui que les tarifs de

Marseille de 1228 nomment l'*indigo bagadel*; elle tirait des côtes de Barbarie les laines que mettaient en œuvre les fabriques du Languedoc : il y avait (1) des fabriques de draps à Marseille, à Arles, à Grasse, etc. On teignait à Marseille les laines en kermès, en garance et en bois de Brésil; on y tissait des *bombasins* en coton de Levant et en chanvre de Bourgogne ; on répandait ses cuirs dans les marchés d'Espagne et d'Italie, et la corporation des tanneurs de Marseille avait acquis une telle importance, que les communes y prenaient annuellement des consuls, des échevins et des conseillers municipaux.

Aigues-Mortes, qui touchait à la mer, et qui en est éloigné aujourd'hui de deux lieues, jouissait également d'une grande prospérité : c'était l'entrepôt du commerce du Levant avec la France à l'époque où Marseille n'en faisait pas encore partie.

C'était aussi à Marseille ou à Aigues-Mortes qu'arrivaient les immenses transports de laines, venues de Londres et de Bordeaux, et qui allaient alimenter les fabriques de Florence, où on donnait aux draps français un apprêt particulier connu sous le nom de *Kalimala*. Les marchands vénitiens étaient autorisés, dès l'année 1272, à aller librement, sans payer aucun droit et aucune taxe, à Marseille, à Montpellier ou à Aigues-Mortes, à y transporter toute marchandise quelconque fabriquée à Venise ou venue du Levant, de la Roumanie, de l'Esclavonie, et déposée dans les magasins de la République de Venise.

Le Languedoc montrait avec un orgueil légitime ses draps aux couleurs vives et tranchantes et d'une grande finesse ; Narbonne, ses teintures de pourpre ; Béziers, Carcassonne, Castelnaudary, Perpignan et Toulouse, leurs draps ordinaires, qui allaient s'embarquer à Cette pour Constantinople et le Levant.

(1) Nous avons emprunté un grand nombre de faits à l'*Histoire du commerce de l'Europe avec le Levant*, par Depping; ouvrage couronné par l'Académie des inscriptions et belles-lettres.

Vers la même époque, il se tenait à Fréjus, à Beaucaire, à Montpellier, des foires importantes fréquentées par les peuples du Midi et surtout par les marchands de Florence. Montpellier avait aussi un très grand commerce maritime avec le Levant, et c'est au port de Lattes, dépendance de Montpellier, qu'arrivaient les nombreuses galères de Jacques Cœur, l'argentier de Charles VII, et l'homme de son temps qui sut le mieux comprendre les grandes affaires commerciales.

C'est par ce port de Lattes que les négocians de Montpellier faisaient leurs envois à Marseille, Gênes, Pise, la Sicile, Venise, Barcelone, aux îles de Majorque, Chypre et Rhodes, à Constantinople, sur les côtes de Syrie et même en Arménie. Il est à remarquer que la monnaie d'argent frappée à Montpellier sous le règne de Jacques Ier, roi d'Aragon (1250), avait cours à Alexandrie et dans les États barbaresques.

Perpignan, où, pendant les premières années du XIVe siècle, trois cent cinquante maîtres et chefs de famille exerçaient l'état de tisserands en laine, florissait par ses manufactures de draps et ses affaires de banque, auxquelles les Italiens, surtout les Florentins, avaient donné une très grande importance, comme ils l'avaient fait à Narbonne, à Montpellier, à Nîmes, à Lyon et à Paris. C'est cette origine italienne qui avait fait donner le nom de *Lombards* à tous les trafiquans d'argent. Les produits de Perpignan allaient s'embarquer au petit port de Collioures, qui, dès le milieu du XIIIe siècle (1252), avait avec la Syrie des relations assez importantes pour motiver un tarif de douane spécial, rédigé en catalan pour les épices et les drogues du commerce levantin.

Châlons rivalisait pour ses draps avec les villes du Languedoc; Provins, qui, au XIVe siècle, avait jusqu'à 3,200 métiers de draperie, fabriquait des couvertures; Reims, des toiles et des serges. Les draps de Paris étaient cités pour leur finesse, et le Levant s'approvisionnait aussi des draps de Saint-Denis, des bouracans de Beauvais et de Rouen, des serges de Caen, des cordats de Chartres et d'Étampes, des draps de Louviers, de la grosse draperie du Berry et de Montreuil, enfin, des sayettes et des bourgets de la Picardie, de la Flandre et surtout de Lille. A Cambrai, on fabriquait du camelot ou camelin, ainsi que des draps, comme à Saint-Omer, Douai, Valenciennes et Arras, où s'exécutaient des tentures magnifiques destinées aux palais des rois.

Les foires de la Champagne réunissaient les marchands non-seulement de la France, mais de l'Italie et de l'Espagne. A la grande foire de Troyes, il y avait des halles séparées pour les marchands venant d'Ypres, de Douai, de Provins, de Châlons, de Florence, de Gênes et de Barcelone. La Bourgogne envoyait aux foires de Champagne ses toiles ; la Catalogne, ses maroquins ; les Vénitiens, les Gênois, les Florentins, leurs soieries et des épices qui de là allaient se répandre par voie de terre dans toute la France et à l'étranger.

Pendant ce temps, Bordeaux, qui appartint à l'Angleterre jusqu'en 1452, y envoyait ses vins. Nous voyons dans le Livre Rouge de l'Échiquier que, pour favoriser ce commerce, Édouard Ier frappa l'introduction des vins de Bordeaux en Angleterre d'un simple droit de deux sous par barrique. La Rochelle recevait du Levant des épices, et des Pays-Bas du beurre, du suif, des toiles, contre lesquels elle expédiait les vins de la Saintonge ; les Flamands seuls venaient en embarquer par an plus de 40,000 pièces, s'il faut en croire un historien du commerce de Bruges. Harfleur était un centre commercial pour les Castillans et les Portugais ; le port de Brest envoyait au loin de hardis navigateurs, qui allaient visiter, avant les Portugais, la côte occidentale de l'Afrique, et, quelques années plus tard, Ango, un simple armateur de Dieppe, devait traiter de puissance à puissance avec un roi de Portugal.

Nous devons ajouter que cette époque, si prospère pour d'autres villes, avait été des plus funestes pour Marseille : la fin des Croisades avait marqué le terme de ses grandes prospérités ; son commerce diminua dans des proportions notables, et les capitaux y étaient devenus si rares au commencement du XVe siècle, que Louis II (de Provence) dut permettre aux prêteurs d'élever le taux de l'intérêt jusqu'à 10 pour cent. La prise de Marseille par les troupes du roi d'Aragon (1423) et le pillage de cette ville, qui se prolongea pendant quinze jours, achevèrent de l'appauvrir. Ce ne fut qu'après la réunion de la Provence à la couronne de France, en 1480, que Marseille, devenue principal port du royaume sur la Méditerranée, commença à reprendre une partie de son antique splendeur, tandis que le port de Lattes fut peu à peu négligé et qu'Aigues-Mortes vit cesser bientôt sa navigation.

Nous sommes arrivés à un des grands événemens historiques qui transformèrent complétement, dans le monde entier, la nature du commerce et de l'industrie; mais, avant d'en parler, nous devons signaler quelques progrès que le moyen âge avait vus s'accomplir.

En France, d'abord, Louis le Gros avait permis à tous les hommes libres d'acquérir des terres : en créant la propriété, il avait créé la production, et par suite la possibilité d'augmenter le commerce ou les échanges; Louis IX avait aboli la loi qui interdisait l'exportation des produits de la France, loi d'ignorance, qui, lorsqu'on l'observait, avait des conséquences désastreuses. L'institution des consulats et des juridictions spéciales pour les affaires commerciales s'était généralisée; enfin, des règlemens moins sévères avaient été adoptés par les villes et les corporations, et des lois plus libérales pour le commerce avaient été édictées par le souverain.

En Italie, la lettre de change avait été inventée, la lettre de change qui transporte le prix des marchandises aux lieux les plus éloignés, sans que la marchandise même change de place, et qui permet, par exemple, d'acquitter avec le prix de soieries vendues en Italie des céréales achetées à Odessa ou à Archangel.

Des banques de crédit, de dépôt, de circulation, s'étaient formées et avaient, en élargissant le crédit, donné une nouvelle facilité aux relations commerciales des particuliers et des peuples.

L'assurance avait été appliquée aux risques maritimes, c'est-à-dire que, moyennant le payement d'une prime proportionnée au temps, à la durée, aux périls d'une traversée, on avait trouvé le moyen de garantir à un armateur le remboursement de la valeur d'un navire et de sa cargaison si ce navire faisait naufrage.

On avait inventé l'imprimerie qui commençait à vulgariser l'instruction, jusqu'alors, par la rareté des livres, l'apanage de quelques personnes privilégiées; on avait inventé la poudre à canon, dont l'usage porta un si rude coup aux prétentions de la force physique, et qui aida à abattre les dernières résistances de la féodalité; enfin, on avait inventé la boussole, qui permettait aux navigateurs de s'orienter et de suivre une route certaine, au lieu de s'abandonner aux caprices de l'Océan.

Au milieu de l'ensemble de ces inventions qui étaient comme les précurseurs et le corrolaire d'une découverte plus grande encore, une immense clameur retentit et se répandit de proche en proche, depuis les Colonnes d'Hercule jusqu'aux extrémités septentrionales de l'Europe : en cherchant un nouveau chemin vers les Indes, un nouveau monde avait été découvert, — découverte immense, qui, nous l'avons dit, devait apporter une révolution complète et immédiate dans toute l'organisation du commerce et dans toutes les relations établies.

L'or, les pierreries, les épices, les drogueries, les plantes tinctoriales, les cotons, etc., etc., arrivent en abondance; le sucre, le thé, deviennent des objets d'une consommation générale; en un mot, tout ce qu'on allait chercher aux Indes, dans la Perse, toutes ces denrées qu'on devait payer fort cher, s'obtiennent pour rien, ou à peu près pour rien, dans les contrées du monde nouveau. Aussi, deux traits distinctifs séparent bientôt le commerce moderne du commerce tel qu'il avait été compris jusque-là : le commerce ancien faisait ses transports par terre, ou bien il ne se hasardait qu'à des entreprises de cabotage, c'est-à-dire de port en port, en suivant les côtes : le commerce nouveau, profitant des progrès que la marine a réalisés, construit des navires d'une plus grande capacité : il se livre presque uniquement aux grands transports maritimes, aux expéditions au long cours.

La conséquence naturelle de cette transformation devait être l'avènement du système colonial.

Le système colonial a été défini en termes fort durs, mais qui, pour certaines époques, ne manquaient pas d'exactitude : « Monopole au profit de la mère-patrie, de la production et de la consommation de ses possessions d'outre-mer. »

C'est ce système qui fut appliqué à l'envi par les nations européennes, et la France, suivant l'exemple de l'Espagne, du Portugal, de l'Angleterre, de la Hollande, eut bientôt de nombreuses colonies, tout en ne négligeant pas son commerce avec le Levant, où un traité conclu en 1535 plaçait tous les catholiques de l'empire Ottoman sous la protection des consuls de France, et accordait au drapeau français le monopole du trafic dans ces contrées.

Malgré tous ces élémens de succès, le commerce de la France n'atteignit pas de fortes proportions à la fin du xve siècle et au commencement du xvie : les efforts de Henri IV et de Sully vinrent échouer contre l'indifférence de la nation, ou, pour être plus exact, contre la pénurie des moyens qu'elle possédait. Notons en passant que Henri IV, malgré les avis de Sully, essaya d'acclimater en France le mûrier, afin de favoriser l'établissement de l'industrie séricicole, et que le jardin des Tuileries fut consacré à ces essais qui ne furent point alors couronnés de succès.

Colbert voulut relever la France de cet état d'infériorité, et il y réussit au moins en partie : c'est de ce grand ministre que date le rôle actif de la France dans le commerce de l'univers. Entre chacune des provinces de la France existaient des lignes impitoyables de douanes : Colbert aurait voulu supprimer tous ces péages intérieurs, transporter les douanes aux frontières, et ajouter la centralisation commerciale à la centralisation politique. L'opposition qu'il rencontra dans quelques-unes des provinces, et surtout l'antagonisme de Louvois, ne lui permirent point de réaliser cette réforme, mais il parvint cependant à diminuer les péages d'une manière notable.

Ses efforts pour développer l'industrie furent immenses : à sa mort, on comptait en France 50,000 métiers à tisser les laines ; dans la ville de Lyon, le nombre de métiers destinés à traiter la soie était de 12,000, et la valeur mise en œuvre chaque année y était de 50 millions.

Il avait affecté un million annuellement à l'amélioration de la fabrication des laines dans le Languedoc ; il avait créé les Gobelins, et, par ses soins éclairés, la finesse et la beauté des tapis de Perse et de Turquie étaient dépassées à la fabrique de la Savonnerie.

C'est de cette époque que date la supériorité incontestée de la France dans le domaine des articles de goût et des objets de modes.

C'est à Colbert aussi qu'est due la gloire d'avoir créé la marine française : en entrant au pouvoir, il avait trouvé 30 navires militaires ; à sa mort, on en comptait 170, et la marine marchande avait vu décupler le nombre de ses navires.

Enfin, c'est à Colbert qu'est due la création de la compagnie des Indes Orientales, et de celle des Indes Occidentales. Ces deux compagnies, auxquelles il sut intéresser le roi, la reine et toute la noblesse de

France, eurent d'abord une très grande influence sur l'extension du commerce, et il serait injuste d'imputer à Colbert les abus qui furent commis plus tard par ces compagnies lorsque leur but eut été dénaturé.

Jusqu'ici nous avons dû parler du commerce et de l'industrie de la France en termes généraux et sans pouvoir indiquer des chiffres : à partir de l'époque de Colbert, les statistiques nous offrent quelques données auxquelles nous voudrions pouvoir recourir : mais l'espace dans lequel nous devons forcément nous renfermer nous oblige à abréger autant que nous le pourrons les données statistiques.

D'après des relevés officiels la France, à la fin du règne de Louis XIV, recevait de ses colonies d'Amérique réunies une valeur qui n'excédait pas 16 millions 700 mille francs, savoir : pour 11 millions de sucre et de café, pour un peu plus de 4 millions d'indigo et de drogueries, pour 775 mille francs de coton, de peaux et de pelleteries, et pour 200 mille francs de tabac. Les envois de la métropole dans les colonies n'étaient que d'environ 9 millions, comprenant 4 millions 160 mille francs de produits manufacturés, 1 million 900 mille francs de denrées alimentaires, farines, légumes secs, viandes fumées, beurre et fromage, 1 million 564 mille francs de vins et d'eaux-de-vie, 1 million 548 mille francs de bois de construction, de métaux, etc.

En 1714, les importations totales de la France avaient été de 71 millions ; les exportations s'étaient élevées à 105 millions subdivisés comme suit :

Produits du sol français . . . . . 36 millions.
Produits de l'industrie française. . . 45
Produits des colonies d'Amérique . . 16
Produits des colonies d'Asie. . . . 2
Articles étrangers, réexportation. . . 6

La facilité des relations augmentant le nombre des transactions, nous trouvons qu'en 1785, malgré la perte des colonies, tous ces chiffres ont pris des proportions considérables : les importations ont atteint celui de 370 millions, les exportations s'élèvent à 425 millions, où les produits du sol français figurent pour 93 millions, les produits de l'industrie française pour 123 millions, les produits des diverses colonies pour 165 millions. A cette époque (1785). le commerce d'exportation par mer, à part les 300,000 tonneaux attribués aux transports des colonies, employait 580,000 tonneaux, dont 152,000 seulement étaient couverts par le pavillon français.

Un travail présenté à la Convention nationale par le ministre Roland, — c'est le premier travail d'ensemble sur le commerce de la France, — donne des détails qui permettent d'apprécier avec quelque certitude la situation du commerce et de l'industrie dans les premières années de la Révolution. Ce travail se rapportant aux six premiers mois de l'année 1792, il suffira d'en *doubler* les chiffres pour se former une idée approximative du commerce annuel de la France avec les autres États.

1ᵉʳ SEMESTRE DE 1792.

CONTRÉES.	VALᵉ APPROXIMATIVE des importations en France.	VALᵉ APPROXIMATIVE des exportations de France.
Espagne.	39,018,000	26,498,000
Portugal.	2,377,000	3,074,000
États du roi de Sardaigne.	12,983,000	9,529,000
République de Gênes.	15,012,000	11,981,000
Milanais et Toscane.	6,445,000	14,166,000
Royᵐᵉˢ de Naples et Sicile.	17,774,000	7,154,000
États de Rome et Venise.	1,938,000	6,205,000
Angleterre, Écosse, Irlande	28,452,000	34,017,000
Hollande.	13,569,000	68,599,000
Villes anséatiques.	6,231,000	50,316,000
États de l'empʳ d'Autriche.	13,302,000	33,852,000
Allemagne et Pologne.	9,256,000	44,966,000
Suisse, ses Alliés et Genève.	3,985,000	26,240,000
Danemark et Norwége.	872,000	7,047,000
Suède.	1,118,000	1,844,000
Prusse.	1,626,000	9,904.000
Russie et Courlande.	1,342,000	3,221,000
États-Unis de l'Amérique.	10,000,000	2,361,000
Levant et empire Ottoman.	42,268,000	21,051,000
Totaux.	227,538,000	382,025,000

De ces 227 millions à l'importation, 196 millions
avaient été introduits par mer sur 3,241 navires, dont
1,021 français, et 31 millions par terre. Les 382 millions d'exportation s'étaient effectués pour 287 millions par mer sur 3,199 bâtimens, dont 944 français,
et pour 95 millions par terre.

Quant au commerce colonial, il avait été pour le
semestre de 164 millions, apportés de Saint-Do-
mingue, de la Martinique, de la Guadeloupe, de
Cayenne, de la Guyane, de Tabago et de Sainte-Lucie,
par 276 navires français, et consistant principalement en cacao, café, coton, indigo, sucres bruts et
terrés, etc. Pendant le même semestre, 223 navires
français avaient exporté pour les mêmes colonies une
valeur d'à peu près 20 millions consistant surtout
en bois ouvrés, viandes salées, chapellerie, étoffes,
vins, etc., etc.

Le travail de M. Roland ne fut pas continué, et nous
n'avons que des données fort incomplètes sur le commerce et l'industrie pendant la durée de la Révolution
et de l'Empire. Du reste, comme le dit M. Leymarie
dans un excellent travail sur les importations et les
exportations de la France, « cet essor inespéré du
commerce français devait bientôt faire place à une
effrayante dépression. A défaut des déchiremens
intérieurs et des luttes extérieures, il eût suffi assuré-
ment du fameux décret de la Convention nationale
qui frappait de prohibition presque toutes les marchandises étrangères, pour entraver alors tout progrès
commercial (1). »

Sous l'Empire, le blocus continental, ordonné comme
représailles contre les mesures aggressives de l'Angleterre, eut également une influence funeste sur toutes
les transactions ; bornons-nous à le constater par un
simple rapprochement : en 1815, l'importation était
descendue à 200 millions, et l'exportation à 422, en-

____

(1) Dictionnaire du Commerce et de la Navigation. (GUILLAUMIN.)

2

semble 622 millions, c'est-à-dire à peu près aux chiffres de 1750.

Il est à remarquer que l'industrie française, sans faire, pendant ces vingt-cinq années, de bien notables progrès, n'avait pas suivi cependant une marche décroissante : en 1789, le produit général de l'industrie, en y comprenant les matières premières, avait été évalué à 930 millions; en 1812, M. de Montalivet, ministre de l'Empire, portait le produit correspondant pour les 86 départemens, qui représentaient l'ancienne France, à 1,325 millions.

Depuis 1820, la Direction générale du commerce, en faisant publier annuellement le Tableau du commerce et de la navigation de la France, permet de constater les progrès ou la décadence des diverses branches de l'activité française. Nous voudrions pouvoir suivre dans ces tableaux annuels la marche croissante de nos importations et de nos exportations ; bornons nous à dire que l'ensemble du commerce de la France, qui, comme nous venons de le voir, était de 622 millions en 1815, atteignait 1,414 millions en 1825, 1,365 millions pour l'année moyenne de 1827 à 1836, et 2,112 millions pour l'année moyenne de 1837 à 1846.

Si nous pouvions suivre d'année en année ce mouvement si rapidement croissant, nous démontrerions qu'il a marché parallèlement avec une amélioration constante dans les voies de communication, les routes, les postes, les voies navigables, l'application de la vapeur à la navigation et la construction des chemins de fer. Nous démontrerions qu'il a été en même temps et surtout le résultat de l'amélioration de l'outillage industriel, de l'emploi des machines, et surtout de l'application de la vapeur comme moteur industriel.

La statistique de tous les pays nous démontre en effet l'étroite corrélation entre la puissance d'un État et le perfectionnement de son outillage industriel. Pour nous restreindre à notre sujet, nous rappellerons que la France, qui ne possédait en 1800 que six machines d'une force collective de 109 chevaux, qui n'en comptait encore que 616 èn 1830, en possédait 2,591 d'une force de 34,350 chevaux en 1840, et 6,080 d'une force de 75,518 chevaux en 1850. Aujourd'hui on peut évaluer le nombre des machines à plus de 10,000 dépassant 125,000 chevaux-vapeur, uniquement employées comme moteurs dans les usines et les fabriques, et à ce nombre il faut ajouter les locomotives en usage sur les chemins de fer, et les machines installées à bord des bateaux à vapeur. Les chiffres de ces divers moteurs combinés permettent d'évaluer à plus de 13,000 le nombre des machines à vapeur fonctionnant en France, et à plus de 400,000 chevaux-vapeur l'importance de leur force. Or, d'après les calculs de la dynamique, cette force mécanique dépasse celle de 8,500,000 individus.

Si à de pareils résultats nous ajoutons cette autre force que l'association des capitaux a donnée aux efforts individuels, — les nouvelles facilités qui résultent pour le commerce et l'industrie des nombreuses lignes de chemins de fer, des nombreux services de navigation à vapeur, nouvellement créés ou nouvellement exploités, — l'abaissement du prix des transports maritimes, — l'abaissement du tarif sur la navigation des canaux et des voies fluviales, — les avantages qui résultent de la conclusion des traités de commerce, — les facilités données au développement du crédit, — la monétisation des marchandises par la création de docks et la faculté d'émettre des warrans; si nous énumérons enfin toutes les mesures prises en faveur du commerce et de l'industrie depuis quelques années, nous aurons l'explication du phénomène économique, qui de 2,112 millions, moyenne de 1837-1846, a porté cette moyenne à 3,136 millions pour les années de 1847-1856, et, en prenant les chiffres exacts des dernières années: à 3,979 millions pour 1855, à 4,588 pour 1856, à 4,593 pour 1857, à 4,904 pour 1858, enfin à 5,412 millions pour 1859 : nous disons à *cinq milliards quatre cent douze millions* (en valeurs actuelles), c'est-à-dire une somme qui atteint *neuf fois* celle du commerce de la France en 1815, à un intervalle de 44 années.

Ces cinq milliards quatre cent douze millions représentent en quelque sorte le budget du commerce et de l'industrie : en analysant les chiffres du Tableau général du commerce de la France pendant 1859, nous aurons donc réuni les élémens officiels de la *France industrielle et commerciale* (1).

Tableau général du commerce de la France, avec ses colonies et les puissances étrangères en 1859.

Le chiffre total des importations et des exportations réunies s'est élevé comme nous l'avons dit à 5,412 millions : dans ce chiffre les importations figurent pour 2,385 millions, les exportations pour 3,057 millions.

Au point de vue du commerce spécial (2), les importations et les exportations réunies ont atteint 3,097 millions, dont 1,641 millions pour les importations et 2,666 millions pour les exportations.

Les marchandises importées temporairement pour recevoir une transformation ou un complément de

(1) Nous avons préféré les chiffres qui se rapportent à l'année 1859 à ceux de 1860, parce que la suppression des droits sur certaines matières premières et la diminution des droits sur plusieurs denrées de grande consommation ont amené une perturbation temporaire dans l'importation de diverses marchandises. Ainsi, bien qu'il ait été importé en 1860 des quantités beaucoup plus considérables de coton, de laines, de sucres, de cafés, de cacaos, etc., il résulte d'un document communiqué par le gouvernement à la législature, le 4 février 1861, que les diminutions de recettes qui sont la conséquence de ces lois nouvelles (appliquées depuis le mois de mai 1860), ont atteint un chiffre de 90 millions, dont 56 millions pour les sucres, 14 pour les cotons, 11 pour les cafés, 7 pour les laines, 1 pour les cacaos, et 1 pour diverses autres marchandises dégrévées, ou dont les droits avaient été diminués.

(2) Le commerce spécial comprend, comme nous l'expliquerons plus loin, tout ce qui entre dans la consommation du pays, ou ce qui sort de France après y avoir été manufacturé.

main-d'œuvre en France ne figurent ni à l'importation ni à l'exportation dans les chiffres du commerce spécial. Elles représentent à l'entrée 41 millions et à la réexportation après main-d'œuvre 66 millions.

Les importations par mer représentent. .	1,581 millions.
Les exportations par mer représentent. .	2,305
Les importations par terre représentent. .	774
Les exportations par terre représentent. .	752

Celles des puissances étrangères avec lesquelles les échanges de la France ont eu le plus d'importance sont par ordre : l'Angleterre, les États-Unis, la Suisse, l'Allemagne, la Belgique, les États-Sardes, l'Espagne, la Turquie, le Brésil et la Russie. Ces diverses puissances figurent ensemble pour les 75 centièmes ou les trois quarts de la somme totale des marchandises qui ont fait l'objet de ces échanges.

Nous allons analyser successivement les chiffres qui représentent les relations de la France, avec chacune de ces puissances, en indiquant par millions les valeurs des importations et des exportations.

Angleterre. — L'Angleterre, y compris Malte, les îles Ioniennes et Gibraltar, a importé en France pour 406 millions de marchandises. Principaux articles importés : soies et bourre de soie, 148 millions ; laines de toutes sortes, 42 ; houille crue, 26 ; tissus, passementerie laine, 21 ; fer, fonte, acier, 16 ; acier pur, 14 ; tissus, passementerie coton, 10 ; graines oléagineuses, 7 ; huiles fines, 8 ; mécaniques, 6 ; châles de cachemire, 6 ; fil de poil de chèvre, 6 ; coton en laine, 5 ; tissus et rubans de soie, 4 ; lin, tulles, 4 ; étain brut, 4 ; viandes fraîches et salées, 3 ; tissus et passementeries de chanvre, 3 ; fils de coton, 2 ; chanvres, 2 ; etc., etc.

La France a importé en Angleterre pour 774 millions de marchandises, parmi lesquelles nous signalerons les tissus de soie pour 241 millions ; les céréales, 61 ; eaux-de-vie, esprits et liqueurs, 50 ; peaux préparées et ouvrages en peaux, 46 ; tissus de laine, 45 ; farines de froment, 45 ; soie et bourre de soie, 29 ;

mercerie, 23; orfévrerie, 22; vins, 20; tissus de coton, 14; horlogerie, 14; œufs de volaille et gibier, 13; beurre salé, 10; graines à ensemencer, 8; vêtements et pièces de lingerie, 8; bestiaux, 7; sucre brut indigène (betterave), 6; outils et ouvrages en métaux, 5; légumes secs, 5; papier et livres, 5; garance, 5; poteries, verres et cristaux, 4; plumes de parure, 4; modes, 3; etc., etc.

ÉTATS-UNIS. — Les États-Unis de l'Océan Atlantique ont importé pour 220 millions de marchandises, dont 156 millions en cotons et laines, 28 millions en tabac, 12 millions en merrains de chêne, 7 millions en cendres et regrets d'orfévrerie, 3 millions en cuivre pur, 2 millions en fanons de baleine, 1 million en riz, etc.

Les exportations aux États-Unis se sont élevées à 428 millions, dans lesquelles les tissus de soie, seuls, figurent pour 207 millions, les tissus de laine pour 35, les vins pour 30, les peaux préparées et ouvragées en cuir pour 23, les eaux-de-vie pour 20, les vêtements et pièces de lingerie pour 14, les tissus de coton pour 11; — viennent ensuite les merceries, les laines et déchets de laines, la poterie, la garance moulue, etc.

SUISSE. — Importations en France, 261 millions, dont 134 millions de tissus de soie, 27 d'horlogerie, 23 de tissus de coton, 12 de bourres de soie, 11 de soie écrue, 9 de bois commun, 5 de cendres et de regrets d'orfévrerie, 5 de bestiaux, 5 de fromages, 4 d'orfévrerie, 3 de peaux brutes, etc.

Exportations de la France en Suisse, 274 millions, parmi lesquels figurent au premier rang 38 millions de soies écrues et grèges, 32 de tissus de laines, 22 de cotons en laines, 22 de soies écrues moulinées, 14 de vins, 13 de tissus de coton, 12 de fer, fonte et acier, 11 d'outils et d'ouvrages en métaux, 9 de tissus de soie; viennent ensuite les huiles fines, les céréales, le café, le sucre raffiné, les fils de toutes sortes, etc.

ALLEMAGNE. — Importations, 220 millions, se

subdivisant principalement en tissus de laines, 32 millions ; tissus de soie, 30 ; orfévrerie, 22 ; laines de toutes sortes, 16 ; bestiaux, 15 ; houille crue , 12 ; bois commun, 10 ; peaux brutes, 10 ; viennent ensuite les vêtements et pièces de lingerie, les cendres d'orfévrerie, le coke, les pelleteries brutes et préparées, les ouvrages en peaux, etc.

Exportations de la France, 176 millions, dans lesquels 50 millions pour nos tissus de soie, 15 pour nos merceries, 12 millions pour nos tissus de laine, 7 pour le coton en laine, 7 pour les soies de toutes sortes, 7 pour les vins, 6 pour les outils, etc.

Belgique. — Importations, 204 millions, dont 51 millions de houille crue, 17 de bestiaux, 12 de lin teillé, 10 de passementeries de laines, 9 de chevaux, 7 d'armes, 7 de toiles et lin, 6 de coke, 5 de dentelles, 5 de peaux brutes et pelleteries, etc.

Exportations vers la Belgique, 187 millions, dont 32 en tissus de soie, 17 en céréales, 16 en vins, 16 en tissus de laine, 8 en merceries et boutons, 5 en laines en masse et déchets de laines, 5 en tissus de coton, 4 en soies et bourre, etc.

États-Sardes. — Importations, 104 millions, dont 38 millions de soie moulinée, 10 de bestiaux, 8 de minerai de plomb, 6 d'huiles d'olives, 4 de soie grège, 4 de bois commun, 3 de peaux brutes, etc.

Exportations dans les États-Sardes, 161 millions, dont 27 de vins, 15 de tissus de laine, 12 de soies grèges et moulinées, 11 de tissus de soie, 10 de sucres raffinés, 6 de vêtemens et pièces de lingerie, 6 de peaux préparées et ouvrages en cuir, 5 de tissus de soie, 5 de tissus de coton, 4 d'eaux-de-vie et liqueurs, etc.

Espagne. — Les importations de l'Espagne, en y comprenant celles des îles Canaries et des Baléares, donnent un total de 77 millions parmilesquels le plomb brut entre seul pour 20 millions ; viennent ensuite les laines en masse pour 12, les vins pour 5, le liége ouvré pour 5, les citrons et les oranges pour 4, les cochenilles pour 3, les peaux brutes pour 3, la soie et la bourre de soie pour 2, etc., etc.

Les exportations de la France en Espagne atteignent un chiffre de 139 millions, presque le double des importations de ce pays. Elles se décomposent principalement en tissus de soies pour 19 millions, tissus de laines pour 14, outils et ouvrages en métaux pour 8, mules et mulets pour 8, bois commun pour 6, soies écrues et grèges pour 6, orfévreries pour 5, peaux brutes pour 4, vêtemens et pièces de lingerie pour 4.

TURQUIE. — La Turquie, en y comprenant les îles de l'Archipel, importe en France pour 111 millions de marchandises, dont les principales sont : 32 millions de soies écrues, 24 de soies en cocons, 8 de laines en masse, 7 d'œufs de vers à soie, 7 de froment, 6 de graines oléagineuses, 6 de seigle, maïs, orge et avoine, 3 d'huiles d'olives, 3 de peaux brutes, 2 de raisins secs.

Les exportations de la France en Turquie, 61 millions de francs, se subdivisent principalement en 8 millions de tissus de soie, 8 de tissus de coton, 7 de tissus de laine, 6 de sucres raffinés, 5 de peaux préparées et d'ouvrages en cuir, 3 de café, 3 d'ouvrages en métaux, 2 de merceries, etc.

BRÉSIL. — Cet empire a importé pour 53 millions de marchandises ; les plus importantes sont : café, 25 ; sucre brut, 14 ; peaux brutes, 7 ; cacao, 3.

Les exportations de la France atteignent 82 millions, dont 16 millions en tissus de soie, 7 en peaux préparées et ouvrages en cuir, 7 en tissus de laine, 7 en vêtemens et lingerie, 7 en vins, 7 en tissus de coton, 4 en beurre salé, 3 en merceries, etc.

RUSSIE. — Les importations sont de 64 millions : les céréales seules (grains) y ont figuré pour 27 millions, le lin pour 8, les laines en masse pour 7, les graines oléagineuses pour 5, le bois commun pour 4, le lin teillé et les étoupes pour 3, etc.

Les exportations de la France ont été en Russie de 36 millions : les vins y figurent pour 8 millions, les ouvrages en métaux pour 3, les tissus de soie pour 3, les machines et mécaniques pour 2, etc., etc.

Nous croyons devoir compléter ces renseignemens par quelques détails sur les relations de la France avec l'Algérie et avec ses autres colonies.

L'*Algérie* a importé en France en 1859 des marchandises montant ensemble à 36 millions de francs, dont 10 millions de laines en masses, 7 millions de tabac en feuille, 4 millions de peaux brutes, 3 millions de céréales, 2 millions de tissus de coton, 2 millions de minerai de plomb, 1 million de béliers, brebis, moutons, 1 million d'huiles d'olives, etc.

Pendant le même temps, les exportations de la France en Algérie se sont élevées à 154 millions, dont 38 millions de vêtemens et pièces de lingerie, 20 millions de vins, 17 millions de tissus de coton, 8 millions de peaux préparées, 7 millions de tissus de laine, 5 millions de tissus de soie, 5 millions de sucres raffinés, 4 millions de froment, 3 millions d'eaux-de-vie et liqueurs, 3 millions de merceries, 3 millions de tissus de chanvre, 3 millions d'armes de guerre, 2 millions de café, etc., etc.

L'*île de la Réunion* a importé pour 38 millions de sucres bruts, le reste de son importation dépasse à peine 1 million.

Les exportations de la France à l'île de la Réunion ne se sont élevées qu'à 26 millions, dont 4 pour les vins, 3 pour les vêtements et la lingerie, 2 pour les outils et ouvrages en métaux, 2 pour les tissus de coton, 1 pour les peaux préparées et ouvrages en cuir.

La *Guyanne française* ne figure aux importations que pour 700,000 francs ; aux exportations, pour 5 millions.

La *Martinique* a importé en France pour 20 millions, dont 17 millions en sucres bruts, 2 en rhum et tafia.

Elle a exporté de France pour 21 millions, principalement en peaux préparées, tissus de coton, huiles d'olives, outils et métaux, vins, etc.

La *Guadeloupe* a importé pour 18 millions, dans lesquels les sucres seuls figurent pour 16 millions.

Elle a exporté pour à peu près la même somme de 18 millions, en tissus de coton, vins, ouvrages en cuir, huiles d'olives, tissus de soie, habillemens, lingerie, etc.

Le *Sénégal* a importé pour 10 millions, principalement en gommes pures, en arachides et noix de touloucouna, en peaux brutes.

Les exportations représentent 13 millions en tissus de coton, guinées (tissus) des Indes, riz, tissus de chanvre, vins, etc.

Les *Indes françaises* figurent aux importations pour 6 millions, dont 4 millions en graines oléagineuses et 1 million en indigo.

Aux exportations pour 1 million, qui se décompose en vins, eaux-de-vie, etc.

Saint-Pierre et Miquelon et la grande pêche ont importé 15 millions, dont 11 millions en morues et 2 millions en huiles de morues.

La France a porté dans ces parages pour 8 millions de produits, parmi lesquels nous citerons principalement le sel marin, le beurre frais ou fondu, les cordages, le pain, les viandes salées.

Enfin *Mayotte, Nossi-bé et Sainte-Marie* n'ont importé ensemble que pour un demi-million de francs, et les exportations vers ces îles n'ont atteint que 75 mille francs.

Sous le rapport de la navigation ce mouvement immense (importations et exportations) s'est accompli par 45,473 navires de 7,039,000 tonneaux. Les navires français y ont pris part pour 19,200 navires jaugeant 3,101,000 tonneaux. De ces 19,200 navires français 16,631 étaient à voiles (2,302,000 tonneaux), et 3,509 à vapeur (799,000 tonneaux).

Nous venons de voir que le commerce de la France avec les puissances étrangères et les colonies a dépassé en une seule année le chiffre de 5 milliards 400 millions. Quelque énorme que paraisse ce chiffre, il ne représente qu'*une partie* du grand mouvement de transactions dont le territoire de l'Empire est le théâtre pendant le cours d'une année. En effet, tous les chiffres que nous avons donnés sont uniquement les résultats des déclarations faites à l'entrée et à la sortie : ils ne comprennent donc pas le mouvement intérieur, les transactions entre les centres productifs, les centres commerciaux et les centres de consommation de la France. Pour se rendre compte de ce vaste mouvement, c'est à la statistique qu'il faut avoir recours, et c'est aux documens les plus récens que nous allons emprunter les données qui vont suivre.

La surface de la France dépasse 54 millions d'hectares, dont plus de moitié se compose de terres arables où l'on cultive principalement le froment, le seigle, l'orge, l'avoine, le sarrasin, etc. Plus de 2 millions d'hectares sont consacrés à la vigne, plus de 5 millions aux prairies et aux pâturages, plus de 9 millions aux forêts. Le nombre des terres incultes diminue d'année en année, et le gouvernement a pris des mesures pour défricher successivement et conjointement avec les communes une partie de ces terres.

Les produits de *l'agriculture* dépassent année moyenne une valeur de *sept milliards*, dans lesquels le blé, le seigle et l'avoine représentent seuls plus de deux milliards ; les vignobles dépassent un produit de 700 millions, les forêts en rapportent 250, les produits des fourrages que donnent les prairies naturelles et les prairies artificielles atteignent un milliard ; enfin, l'élève des bestiaux et des animaux domestiques donne un autre milliard, et ce chiffre ne paraîtra pas exagéré lorsqu'on saura que la France élève plus de 3 millions de chevaux, 10 millions de moutons, 16 millions de brebis, 8 millions d'agneaux, 6 millions de vaches, plus de 2 millions de bœufs, près de 700,000 béliers, etc. ; ensemble près de 60 millions de têtes. Les laines de nos troupeaux produisent annuellement plus de 250 millions de francs : les œufs consommés en France, sans parler de ceux qui sont transportés à l'étranger (et nous avons vu qu'avec l'Angleterre, par exemple, ils donnaient lieu à un commerce considérable), les œufs consommés en France, disons-nous, en les estimant à 2 c. 1/2, présentent une valeur annuelle qui dépasse 50 millions.

Parmi les produits nous ne pouvons omettre ceux de nos magnaneries. Les fabriques de soie de l'intérieur, Paris, Lyon, Saint-Étienne, achètent annuellement pour plus de 50 millions de francs de soies grèges dans l'Ain, dans la Drôme, dans l'Hérault, dans les Basses-Alpes, dans l'Aveyron, dans le Var, dans l'Ardèche, dans les Alpes-Maritimes, dans les Pyrénées-Orientales, etc., etc.

Citons encore, pour terminer les produits de l'agriculture, le miel et la cire qu'on récolte dans tout le Midi.

Le règne minéral fournit aussi un ample contingent de richesses. On évalue le produit annuel de nos mines à plus d'un demi-milliard (1). La houille

(1) Voici quelques chiffres *officiels :*

En 1859, le nombre des concessions de combustible minéral exploitées était de 292 ; la production s'est élevée à 74,825,718 quintaux métriques, valant 94,979,163 fr. Pendant la même année, l'importation de houilles étrangères a été de 57,593,873 ; déduction faite de la faible quantité exportée, la consommation totale du pays en combustible minéral a donc été 130,636,584 quintaux.

Quant aux usines à fer, voici les résultats généraux de leur fabrication :

En 1859, la fabrication de la fonte au charbon de bois a été de 3,360,180 quintaux métriques, valant 53,442,986 fr., et celle de la fonte au coke, de 5,261,343 quintaux, valant 116,658,082 fr.

En 1859, il a été fabriqué 1,078,618 quintaux de fer au bois, valant 45 496,407 fr., et 4,122,374 quintaux de fer à la houille, valant 128,524,300 fr., soit au total 5,200,992 quintaux, valant 174,000,707 fr.

Depuis l'année 1853, il a été donné 166 nouvelles concessions de mines, sur lesquelles 16 en 1853, 9 en 1854, 18 en 1855, 39 en 1856, 14 en 1857, 17 en 1858, 30 en 1859 et 23 en 1860.

ou charbon de terre forme à elle seule une exploitation considérable qui emploie un grand nombre de bras, dans les principaux bassins houillers (de la Loire, de Valenciennes, d'Alais, du Creuzot, de Blanzy, d'Épinal), et ensuite dans une trentaine de départemens où on a découvert des gisemens de ce précieux minerai indispensable aux autres industries.

Le fer s'extrait dans 68 départemens; mais la fabrication de l'acier est plus particulièrement localisée dans les départemens de la Loire, de l'Isère, de l'Ariége, du Tarn et de la Haute-Garonne.

Le plomb se trouve dans le Finistère, la Lozère et le Puy-de-Dôme; quelques gisemens de cuivre s'exploitent dans les Basses-Pyrénées et le Rhône; enfin, le manganèse dans les Vosges, les Cévennes, la Moselle, la Dordogne, et l'antimoine dans le Cantal, le Puy-de-Dôme, la Lozère, la Haute-Loire, la Creuse, l'Allier, le Gard, la Charente, la Vendée et les Ardennes (1).

L'exploitation des richesses minérales de la France nous ramène naturellement à parler de l'importance de son industrie. Il serait difficile, il serait même impossible de fixer avec quelque certitude la valeur de la production industrielle de la France; mais, d'après les statisticiens les plus accrédités, ce sera rester de beaucoup en deçà des limites du vraisemblable d'estimer le revenu annuel que donne l'industrie manufacturière à près de trois milliards de francs. Ce chiffre ne paraîtra pas exagéré lorsqu'on tiendra compte de ce fait, que la France compte près de 50,000 fabriques, manufactures et usines, près de 6,000 forges et fourneaux, et à peu près 85,000 moulins à vent ou à eau. (Nous allons voir qu'en 1856 il y avait déjà en France *plus d'un million* d'établissemens ou d'exploitations concernant l'industrie.)

Un chiffre que la statistique a pu nous donner avec

(1) Nous avons emprunté plusieurs faits de statistique à un travail de M. Sanis professeur au lycée Louis-le-Grand.

plus de certitude, c'est celui de la population industrielle, c'est-à-dire le dénombrement des personnes qui vivent de l'industrie.

Le dernier dénombrement officiel de la population a été publié en 1858. Il se rapporte à l'année 1856. Ce dénombrement officiel ne se faisant que tous les cinq ans, il n'y aura pas de nouveaux résultats publiés avant 1863.

En 1856, la population de la France était de 36,012,669 habitants qui se subdivisaient comme suit. (Il est important de noter que la statistique de toutes les professions contient non-seulement les chefs de famille qui l'exercent, mais encore leurs enfants, leurs domestiques, leurs employés et ouvriers, en un mot toutes les personnes pour lesquelles elle est un moyen d'existence commun.)

	Sexe mascul.	Sexe fémin.	Total.	Proportion par 10,000.
Agriculture.	9,512,092	9,551,979	19,064,071	5,294
Industrie.	5,182,036	5,287,925	10,469,961	2,907
Commerce.	779,702	852,629	1,632,331	453
Professions intéressant l'agriculture, l'industrie et le commerce. .	52,823	47,276	100,099	28
Professions libérales. .	886,503	475,542	1,362,045	378
Clergé de tous les cultes.	64,570	78,135	142,705	40
Individus sans profession, ou dont la profesⁿ n'a pu être constatée (1).	1,379,713	1,861,744	3,241,457	900
Total général . . .	17,857,439	18,155,230	36,012,669	10,000

A première vue, il résulte de ce tableau que l'agriculture, l'industrie, le commerce et les diverses professions qui se rattachent à ces trois grandes branches

(1) Il faut observer que dans cette catégorie sont compris les rentiers, les propriétaires et les individus pensionnés. Le nombre de ces rentiers, etc., est de 790,664 pour le sexe masculin, 966,868 pour le sexe féminin, ensemble 1,757,532.

de l'activité française, procurent des moyens d'existence à 31,266,462 habitans, c'est-à-dire à 8,682 individus sur 10,000, soit en chiffres ronds à *quatre-vingt-sept* pour cent de la population.

Analysons maintenant l'immense personnel de l'industrie et du commerce. Le tableau que nous allons reproduire fera également connaître le nombre des établissemens ou exploitations consacrés aux différentes industries en 1856.

I. INDUSTRIE.

(Ont été classées dans cette division les personnes qui fabriquent un produit en totalité ou lui font subir une élaboration quelconque tendant à le modifier, à le transformer, à l'achever, à le parer.)

DÉSIGNATION.	Nombre des établissements en exploitation.	Personnel. Total (les deux sexes).
Tissus (industrie textile).	109,203	1,878,193
Mines et carrières (industrie extractive)	16,636	343,640
Fabricatⁿ des métaux (ind. métallurgiq)	2,086	133,805
Fabrication d'objets en métal. . . .	41,832	412,527
Industrie du cuir..	7,736	88,341
— du bois..	39,012	229,325
— céramique..	12,561	173,105
Produits chimiques, etc..	6,398	83,438
Industrie du bâtiment.	209,058	1,943,005
— de l'ameublement. . . .	13,770	146,058
— de l'habillᵗ et de la toilette.	286,196	1,995,699
— de l'alimentation.. . . .	300,306	1,458,072
— des transports	94,893	1,027,888
— relative aux sciences, lettres, arts.	7,969	119,599
— de luxe et de plaisir. . .	16,295	145,857
— de guerre.	451	43,091
— funéraire.	3,339	28,208
— diverses non-comprises ci-dessus.	1,310	260,110
	1,169,051	10,469,961

II. COMMERCE.

(Ont été classées dans cette division les personnes *vendant* des produits fabriqués par d'autres, sans leur faire subir aucune élaboration.)

DÉSIGNATION.	Nombre des établissemens eu exploitations.	Total des individus des 2 sexes.
Bâtiment (marchands de tout ce qui se rapporte au)	9,099	57,539
Ameublement.	4,829	29,030
Habillement et toilette.	78,811	418,031
Alimentation.	173,121	727,945
Chauffage et éclairage.	13,004	64,533
Transports.	8,840	120,535
Commerce d'objets relatifs aux sciences, lettres, arts..	5,453	28,591
Objets de luxe ou de plaisir.	33,681	110,779
Objets divers.	10,311	75,348
Total.	**337,149**	**1,632,331**

III. PROFESSIONS DIVERSES INTÉRESSANT L'AGRICULTURE, L'INDUSTRIE ET LE COMMERCE.

DÉSIGNATION.	Nombre d'établissemens.	Total des individus des 2 sexes.
Directeurs, employés, agents, gagistes et salariés des établissemens de crédit et sociétés anonymes (Banque de France et succursales, comptoirs d'escompte, crédit mobilier, crédit foncier, crédit maritime).	338	7,435
Directeur, etc., des comp^{ies} d'assurances.	2,005	15,266
Banquiers et changeurs..	1,297	14,171
Agens de change, courtiers de commerce, commissaires-priseurs, commissionnaires en marchandises, facteurs, interprètes, etc.	2,285	41,369
Divers agens.	1,366	21,858
Totaux.	**7,291**	**100,099**

Si nous groupons les divers chiffres que font res-
sortir ces tableaux, nous voyons que la France compte
1,513,691 exploitations ou établissemens consacrés à
l'industrie, au commerce et aux professions intéres-
sant l'agriculture et le commerce, et que le nombre
des personnes qui vivent de l'exploitation de ces
divers établissemens s'élève à 12,202,391.

Nous avons eu plusieurs fois l'occasion de répéter
que c'est la facilité des communications qui a développé dans tous les pays la puissance productive et les
relations commerciales. Sous ce rapport comme sous
beaucoup d'autres, la France est richement dotée, et,
si par exception elle s'est laissée devancer par d'autres nations dans l'établissement des chemins de fer,
elle a su regagner bien promptement le temps perdu,
en couvrant son sol d'un immense réseau qui, du
centre, porte le mouvement aux extrémités, et qui,
des extrémités, fait refluer la vie vers le centre, après
avoir communiqué avec les trois mers qui baignent
l'Empire, et avec les États dont les frontières lui ser-
vent de limites.

Les *chemins vicinaux* de grande et de petite communication qui relient entre elles les communes, et
qui, pour un grand nombre du moins, vont aboutir
aux routes d'un ordre plus élevé, présentent un développement d'à peu près 700,000 kilomètres.

Les *routes départementales*, dont le nombre dépasse
1,600, et dont le développement atteint à peu près
50 millions de mètres, représentent un capital de plus
d'un demi-milliard pour la valeur du terrain qu'elles
occupent et leurs frais d'établissement.

Les *routes impériales* ou grandes routes sont au
nombre de plus de 200 : leur longueur dépasse
37 millions de mètres en y comprenant celles de la
Corse et des trois départements annexés, leur super-
ficie atteint près de 55,000 hectares, et leur établissement, en y comprenant la valeur du terrain, a coûté
plus d'un milliard.

Parmi les plus importantes, nous citerons les routes de Paris à Dunkerque, à Calais, à Boulogne-sur-Mer, au Hâvre, à Cherbourg, à Rennes et à Brest, à Nantes, à Bordeaux et à Madrid par Bayonne, à Toulouse, à Perpignan, à Lyon et à Marseille, à Turin, à Milan, à Bâle, à Vienne en Autriche, par Strasbourg, à Berlin par Metz, à Bruxelles par Clermont, à Namur par Givet.

La navigation intérieure a lieu sur les rivières et les canaux. Il serait trop long d'énumérer les rivières flottables ou navigables de la France. Nous nous bornerons à citer le Rhin, la Moselle, la Meurthe, la Meuse, la Sambre, l'Escaut, la Lys, la Scarpe, la Seine, l'Oise, l'Aisne, la Marne, l'Aube, l'Yonne, l'Eure, l'Orne, la Loire, la Mayenne, la Sarthe, le Loir, l'Allier, le Loiret, le Cher, la Creuse, la Vienne, les Deux-Sèvres, la Charente, la Garonne, la Dordogne, le Lot, le Tarn, l'Ariége, le Gers, l'Adour, l'Aude, l'Hérault, le Rhône, l'Ardèche, la Saône, le Doubs, l'Ain, l'Isère, la Drôme, la Durance, le Var.

Quant aux *canaux*, dont le nombre atteint à peu près 140, nous citerons le canal du Midi ou du Languedoc, qui établit une communication directe entre l'Océan et la Méditerranée; il a un parcours de 240,000 mètres, et fut conçu par Paul Riquet (1681); le canal du Centre, qui joint la Saône à la Loire, et qui a un parcours de 122,000 mètres; le canal de Bourgogne qui a un parcours de 242,000 mètres et qui joint également la Méditerranée à l'Océan, en réunissant l'Yonne à la Saône, et le canal du Rhône au Rhin, dont le parcours est de 323,000 mètres.

Parmi les autres canaux les plus importants, sont ceux de Saint-Quentin, de la Sambre à l'Oise, des Ardennes, de la Marne au Rhin, du Nivernais, de Briare, d'Ille-et-Rance, les canaux latéraux de la Somme, de l'Oise, de l'Aisne, de la Marne, de la

Haute-Seine, du Loing, de la Loire et de la Garonne (1).

Les *chemins de fer* les plus importans ont, comme les routes impériales, Paris pour point de départ; les principaux sont : les lignes de Paris vers la Belgique et la mer du Nord, qui se bifurquent à Douai, pour aller à Bruxelles et à Gand; la ligne de Paris à Strasbourg; la ligne de Paris à Bordeaux et à Bayonne; la ligne de Paris au Havre; la ligne de Paris à Lyon et à Marseille; le chemin du centre, d'Orléans à Vierzon; la ligne de Tours à Nantes; la ligne de Bordeaux à Cette.

L'ensemble des chemins de fer exploités présente un développement de 9,334 kilomètres ou 9,440 kilomètres, en y comprenant 106 kilomètres exploités dans la Savoie.

Ce ne sera sans doute pas un hors-d'œuvre d'entrer dans quelques détails sur la construction des chemins de fer, qui forment une des plus grandes industries de la France, et qui offrent un si puissant concours aux transports de toutes les autres industries.

Quelques petits tronçons de chemins de fer destinés uniquement aux transports des marchandises furent construits en 1828, 1830, 1832 et 1833; mais ce n'est qu'à partir de 1838 que les voies ferrées commencèrent à prendre un développement sérieux; en 1838, il y avait 176 kilomètres exploités; il y en eut 824 en 1843, 1,906 en 1847, 3,575 en 1851, 5,533 en 1855, 7,207 en 1857; aujourd'hui il y en a, comme nous venons de le voir, 9,334 kilomètres.

(1) Outre les améliorations matérielles qui ont été réalisées ou soumises à des études dans le régime des canaux depuis quelques années, le Gouvernement poursuit l'abaissement des tarifs applicables à quelques-uns d'entre eux. Tel a été le but des lois des 28 juillet et 1er août 1860, qui ont autorisé le rachat par l'Etat des canaux, et ce but a été atteint par le décret du 22 août 1860, qui a réalisé en même temps, sur l'ensemble des rivières navigables et des canaux, une diminution de taxes qui donne une juste satisfaction aux intérêts de l'agriculture et du commerce.

Les lignes concédées définitivement, et dont une grande partie est en cours d'exécution, présentent en outre une longueur de 5,505 kilomètres. Les chemins dont la concession n'est encore qu'éventuelle ont 4,600 kilomètres d'étendue; enfin 227 kilomètres ont été autorisés par des lois votées dans le cours de la session de 1860 (1).

De 1823 (date des premières études) jusqu'en 1830 il avait été dépensé pour les chemins de fer 3,300,000 f.; dans la seule année 1840 la dépense s'élevait à 39 millions, et l'ensemble des dépenses effectuées à cette époque à 142 millions; en 1845 la dépense de l'année était de 134 millions, l'ensemble des dépenses effectuées de 495 millions; l'année 1853 voit dépenser 237 millions, et l'ensemble des dépenses effectuées jusqu'alors s'élève à 1 milliard 818 millions; l'année 1856 dépense 479 millions, et élève à 3 milliards 126 millions les dépenses cumulées jusqu'à cette époque. Depuis, deux milliards environ ont été consacrés aux travaux des chemins de fer.

Le capital social engagé en 1836 était de 39 millions; il avait atteint 1 milliard 246 millions en 1846, il était retombé à 683 millions en 1851; il dépasse aujourd'hui 1 milliard 600 millions pour le capital *actions*, auxquels il faut ajouter une somme de 1 milliard 800 millions pour les obligations émises, et auxquels il faut enfin ajouter une soixantaine de millions prêtés par l'État en numéraire, plus un milliard en avances de travaux. Tous ces chiffres combinés, en tenant compte aussi des avances et des subventions des départemens, représentent un total d'à peu près

____

(1) Outre les chemins de fer ordinaires, avec traction à vapeur, on a mis à l'étude dans plusieurs départemens des chemins de fer à traction de chevaux qu'on nomme chemins américains ou *tramways*. — Les *tramways*, consistant en rails posés sur les routes ordinaires et n'exigeant ni déblais ni remblais, sont destinés à relier entre elles les localités qui ne sont pas assez importantes pour suffire aux dépenses de construction et d'exploitation des chemins de fer ordinaires.

cinq milliards et demi engagés dans l'industrie des chemins de fer (1).

Nous laisserions une grande lacune dans l'énumération des voies de communication destinées à faciliter les relations du commerce et de l'industrie, si nous omettions de parler des *télégraphes électriques*, qui sont à la disposition du public et à l'aide desquels non-seulement tous les centres de population de l'Empire sont mis en communication instantanée entre eux, mais encore avec toutes les villes importantes de l'Angleterre, du Continent européen, du littoral d'Afrique et d'une partie de l'Asie. La tentative d'immerger dans l'Océan un câble pour réunir par l'électricité le nouveau monde au monde ancien a été couronnée de succès ; pendant plusieurs jours New-York a pu échanger des télégrammes avec Londres et avec Paris. Le câble a été rompu, et la communication détruite, mais la possibilité de relations télégraphiques entre les deux hémisphères à travers l'Océan n'en est pas moins démontrée, et il faut espérer que les nouveaux efforts tentés avec des subsides

(1) Il ne paraîtra pas inopportun de faire connaître les recettes que les chemins de fer effectuent en une seule année. Voici celles de l'exercice 1860 :

LIGNES.	RECETTES.
Lyon-Méditerranée.	F^s 120,616,500
Nord.	60,639,700
Ouest.	50,900,000
Orléans.	71,088,700
Est.	63,723,600
Midi.	24,266,200
Lyon à Genève.	6,891,100
Dauphiné.	2,740,200
Ardennes.	3,659,900
Bessèges à Alais.	1,092,900
Angin à Somain.	388,800
Béziers.	306,800
Carmau.	189,000
Ceinture.	1,715,500
Total.	408,217,900

du gouvernement de la France pour l'établissement
d'un télégraphe électrique sous-marin à travers les
mers finiront par atteindre le but désiré, en permettant à nos armateurs du Havre, de Bordeaux ou de
Marseille, de donner des ordres aux courtiers de New-
York, de Boston ou de Buénos-Ayres, et de recevoir
après quelques minutes l'avis que leurs ordres ont été
exécutés (1).

Voici maintenant par ordre alphabétique une no-
menclature des principales industries de la France,
avec l'indication des villes et des centres industriels
où elles sont plus particulièrement exploitées, et quelques chiffres sur leur importance respective :

Acier. — Dans les départemens de la Nièvre, de la
oire, de la Haute-Loire et de l'Isère.

Armes blanches. — Klingenthal, Saint-Etienne, Châtellerault, Paris. (Les envois d'armes de luxe, à l'extérieur,
atteignent en une année 330,000 fr.)

Armes à feu. — Paris, Châtellerault, Klingenthal, Saint-
Étienne, Tulle, Charleville. (La France fabrique annuellement pour plus de cinq millions d'armes de guerre et de
chasse.)

Batistes, linons, tulles, gazes, etc. — Saint-Quentin,
Valenciennes, Bapaume, Cambrai, Douai. (L'industrie du
lin et du chanvre employait, en 1856, 428,356 individus
répartis dans 22,968 établissemens.)

Bières. — Strasbourg, Lyon, Paris, le département du
Nord. (Fabrication annuelle : plus de six millions d'hectolitres.)

Bijouterie. — Paris, Lyon, Marseille, Bordeaux, Toulouse. (La bijouterie de Paris seule fait annuellement pour
plus de quarante millions d'affaires.)

(1) Il résulte d'un document officiel que le réseau de la télé-
graphie côtière a été achevé; il offre un développement total de
2,838 kilomètres, et comprend environ 300 kilomètres de câbles
sous-marins. — 138 villes ont été en 1860 reliées au réseau général,
et au 1er janvier 1861, les lignes télégraphiques à un ou plusieurs
fils présentaient dans toute l'étendue de l'Empire (non compris la
Corse) un développement de 21,584 kilomètres et 394 bureaux. La
France est reliée à l'Algérie par un télégraphe électrique.

Bonneteries. — Paris, Orléans, Nîmes, Marseille, Lyon, Troyes. (Cette dernière ville, qui s'occupe plus spécialement de la bonneterie de coton, possède près de 10,000 métiers produisant annuellement une valeur de 9 à 10 millions.)

Bouchons de liége. — Tout le Midi.

Bougies. — Le Mans, Paris.

Briques, carreaux, tuiles. — L'Yonne, le Loiret, la Somme et les environs de Paris. (Paris seul emploie en moyenne 45 millions de briques par an.)

Broderies. — Nancy, Metz, Saint-Quentin, Paris, Lyon, Alençon, etc. (On évalue à plus de 250,000 le nombre des ouvrières qui exercent en France les différentes manières de broder.)

Bronzes. — Paris occupe seul 10,000 ouvriers bronziers et exporte annuellement pour 30 millions de produits, sans parler de la consommation intérieure.

Calicots. — Tarare, Alençon, Saint-Quentin, Rouen, Abbeville, Troyes.

Châles. — Paris, Nîmes, Lyon, Saint-Quentin. (A Paris seulement il y a à peu près 750 métiers à la Jacquard pour faire les châles brochés.)

Chandelles. — Nancy, Paris, Strasbourg, Dijon, Abbeville, Marseille, Lyon, Montpellier. (Outre la consommation intérieure, la France expédie en une année à l'étranger 1,600,000 kilog. de chandelles, dont 300,000 kil. dans ses colonies.)

Chapeaux. — Paris, Lyon, (pour les *chapeaux de paille*).

Cheveux. — Paris, Grenoble, Bordeaux, Marseille, Lyon. (La France reçoit annuellement de l'étranger à peu près 7,000 kilog. de cheveux; elle en exporte plus de 20,000 kil. d'une valeur de 800,000 fr.)

Cidres. — Normandie, Bretagne, Picardie. (Production annuelle, près de 5,000,000 d'hectolitres.)

Comestibles divers. — Tours, Chartres, Lyon, Périgueux, Strasbourg, Troyes, Arles, Toulouse, Narbonne, Reims, Paris.

Confiserie. — Paris, Verdun, Besançon, Bar-le-Duc, Limoges, Marseille. (Les exportations atteignent depuis quelques années un chiffre de près de 600,000 kil.)

Coton (Filatures de). — Rouen, Saint-Quentin, Reims, Paris, le département du Nord, l'Alsace. (Il y a en France 10,000 établissemens qui s'occupent de la fabrication du coton. Cette industrie nourrit près de 550,000 individus. Les filatures comptent plus de 5 *millions* de broches à filer.)

Cotonnades. — La Normandie, Rouen, Saint-Quentin, Roubaix, Tarare, Chollet, Tourcoing, Paris.

Couleurs. — Paris, Avignon, Rouen, Lille, Lyon. (En une année, l'exportation des couleurs françaises, atteint 600,000 kil.)

Coutellerie. — Paris, Langres, Châtellerault, Moulins, Nogent-le-Roi, Saint-Etienne, Chaumont, Thiers. (Exportation annuelle, plus de 400,000 kil.)

Dentelles. — Alençon, Bailleul, Lille, Arras, Chantilly, Mirecourt, Valenciennes, Douai, le Puy, le Calvados, Paris. (L'industrie dentellière occupe en France 250,000 femmes.)

Draperies fines. — Louviers, Elbeuf, Sédan, Lodève, Carcassonne, Castres, Abbeville.

Draperies moyennes. — Castres, Montauban, Château-roux.

Draperies grossières. — Bischwiller, Tours, le Languedoc.

Eaux-de-vie. — Cognac, Montpellier, le Languedoc, Béziers, Pézénas. (La fabrication annuelle dépasse 1,500,000 hectolitres représentant une valeur de près de 80 millions de francs. Paris seul consomme annuellement près de 200,000 hectolitres.)

Ébénisterie. — Paris, la Gironde, le Morbihan. (Il y a en France près de 11,000 établissemens d'ébénistiers, de fabricans de meubles, de chaises et de marqueteries. Le nombre d'individus vivant de cette industrie s'élève à près de 100,000.)

Epingles. — L'Aigle, Rugles. (Le chiffre d'affaires dépasse annuellement 2 millions.)

Faïence. — Paris, Montereau, Sarreguemines, Creil.

Fer forgé. — Les Ardennes, la Vienne, la Nièvre.

Fleurs artificielles. — Paris, Lyon. (Paris seul compte 11,000 ouvrières, et produit annuellement pour plus de 16 millions de ces fleurs.)

Fromages. — Roquefort, Neufchâtel, Troyes, Marolles, la Brie, Monthléri.

Ganterie. — Paris, Grenoble, Lunéville, Vendôme, Chaumont, Niort. (La France exporte annuellement pour plus de 50 millions de gants.)

Glaces. — Saint-Gobain, Saint-Quirin, Cirey.

Huilerie. — La Provence, le département de l'Aisne.

Horlogerie. — Paris, Besançon, la frontière du Jura.

Instruments de chirurgie. — Paris, Lyon.

Instruments de labourage. — Paris, Amboise, Klingenthal, l'Alsace et les départemens des Ardennes, des Vosges et de l'Ariège.

Instruments de mathématiques. — Paris.

Instruments de musique. — Paris, Mirecourt. (Les exportations atteignent annuellement près de 2 millions.)

Librairie. — Paris, Lyon, Bordeaux, Tours. — Du 1er novembre 1811 jusqu'au 31 décembre 1855, il s'est publié en France en livres français, classiques latins ou grecs, ou de langues étrangères, brochures ou imprimés et traitant de matières diverses un nombre d'ouvrages s'élevant au chiffre de 271,994 (sans y comprendre les gravures et les compositions musicales). En 1852, il a été publié 8,264 ouvrages ; en 1856, 13,029 volumes ; en 1859, 11,979. L'activité de l'imprimerie a été considérable en 1860. Les imprimeurs de Paris et de la banlieue ont fait 14,000 déclarations d'imprimés. Les éditeurs ont déposé plus de 12,000 ouvrages, les écrits periodiques plus de 4,000 exemplaires ; il faut ajouter à ce nombre énorme de publications 4,500 ouvrages édités par livraisons, 4,000 cahiers de musique, 14,200 estampes, gravées, lithographiées ou photographiées, etc. Les libraires étrangers ont apporté au dépôt un contingent de 300 ouvrages publiés en langue étrangère et particulièrement en anglais. Les imprimeurs des départemens ont envoyé sous la surveillance de préfets 11,260 ouvrages. Enfin la librairie de l'étranger a expédié plus de 9,000 colis. (La France exporté, en 1859, pour fr. 9,720,000 de livres.)

Liqueurs. — Grenoble, Phalsbourg, Bordeaux, Grasse.

Marbres. — Les départemens des Pyrénées et des Vosges.

Maroquins. — Toulouse, Paris. (A Paris, la maroquinerie emploie près de 10,000 personnes, et produit annuellement pour à peu près 14 millions.)

Meules. — La Ferté-sous-Jouarre. (La fabrication annuelle s'élève à 3,500 meules et 150,000 carreaux ; il y a aussi des exploitations de pierres meulières dans les bassins de la Loire, de la Garonne, de la Gironde, du Rhône, etc.)

Miel. — Narbonne, le Gâtinais, la Bretagne.

Modes (Articles de). — Paris, Lyon. (Les articles de modes occupent à Paris seul plus de 120,000 personnes. En 1847, les modes proprement dites [fabrication et commerce de chapeaux pour dames, bonnets montés, coiffures de soirée et de bal] y occupaient 879 modistes, qui employaient 2,717 ouvrières, et qui produisaient pour 12,326,000 fr. de marchandises. On peut estimer qu'aujourd'hui tous ces chiffres ont *doublé*.)

Orfévrerie. — Paris, Strasbourg. (L'orfévrerie française emploie annuellement pour une valeur de 52 millions de métaux précieux, dont 35 millions or, et 17 millions argent.)

Papiers. — Angoulême, Annonay, Limoges, Ambert, le département des Vosges.

Parfumerie. — Grasse et les départemens des Alpes-Maritimes, du Var et des Bouches-du-Rhône.

Passementerie. — Paris.

Pierres lithographiques. — Châteauroux.

Plâtre. — Paris.

Plomb. — Tours, Paris.

Porcelaines. — Sèvres, Paris, Limoges, Bayeux.

Quincaillerie. — Saint-Étienne, Thiers, l'Aigle, Charleville.

Rubans. — Saint-Étienne, Saint-Chamond.

Savons solides. — Marseille, Paris.

Savons mous. — Paris, Lille, Saint-Quentin, Abbeville, Amiens.

Sel. — La Lorraine, les côtes de l'Ouest.

Sellerie et carrosserie. — Paris, Strasbourg.

Soies grèges. — Le département de l'Ardèche et le Sud-Est.

Sucre indigène. — Les départemens du Nord et du Pas-de-Calais, la Picardie. (La fabrication de sucre de betteraves, qui ne produisait que 6,665,600 kil. en 1828, atteignait 40 millions de kil. en 1845. La campagne de 1858-1859, a produit 132,651,000 kil. de sucre indigène.)

Sucre (Raffineries de). — Paris, Bordeaux, Lille, Orléans, Marseille, Nantes, Rouen.

Tabletterie. — Saint-Claude, Oyonnax.

Tapis. — Paris, Aubusson, Felletin et Abbeville.

Teintureries. — Paris, Lyon, Rouen, Nîmes, Louviers, Elbeuf.

Toiles. — La Flandre, la Bretagne, le Dauphiné.

Typographie, lithographie, etc. — Paris, Lyon, Avignon, Toulouse, Strasbourg, Tours, Limoges, le Mans.

Verrerie. — La Loire, le Nord, la Meurthe, la Moselle, la Normandie.

Vins. — Bordeaux, la Champagne, la Bourgogne. (La production du vin dans toute la France a été, en 1858, de 45,805,000 hectolitres.)

Vinaigre. — Orléans, Blois.

Vitraux peints. — Paris, Clermont-Ferrand.

Dans l'esquisse rapide que nous avons tracée de l'histoire du commerce, nous avons eu occasion de parler du grand rôle que joue le crédit dans le développement des relations commerciales; le bon marché de l'escompte, la facilité de la circulation se traduisent en une extension rapide des transactions; la moindre entrave dans le jeu du crédit a pour contrecoup immédiat le ralentissement des affaires et l'avilissement du prix des marchandises.

Nous avons vu que les premières transactions commerciales se bornaient à de simples échanges de produits. La multiplicité de ces échanges fit naître bientôt la difficulté de les effectuer; c'est-à-dire que celui qui avait, par exemple, du grain à échanger, ne voulait pas justement recevoir en retour des huiles ou des épices, seules denrées que pût lui offrir celui qui désirait des céréales. A cette première difficulté s'en joignait une bien plus grande : celle d'établir d'une part la valeur de ce grain, de l'autre côté la valeur des huiles ou des épices offertes en échange. Aussi comprit-on bientôt qu'il fallait adopter une valeur qui servît de type, d'étalon, de mesure pour toutes les autres valeurs; tel peuple de la Grèce prit pour unité le bœuf, tel autre peuple la brebis, telle peuplade de l'Afrique un sac de sel. Une fois ces étalons ou types de valeur admis, les transactions se simplifièrent : le marchand de grain put évaluer sa denrée en lui donnant une valeur de six bœufs, le marchand d'huile et d'épices put convertir ses marchandises en bétail, et l'échange se terminer à la satisfaction des diverses parties contractantes. Un premier pas était fait, un second pas ne se fit point longtemps attendre. On convint dans chaque groupe de créer et d'accepter une valeur; de convention : quelques nations primitives acceptèrent un morceau de cuir portant certaines empreintes ou taillé de certaines façons, pour type d'une valeur; mais la généralité préfera prendre pour valeur de convention certains métaux que leur rareté relative faisait considérer comme précieux, tels que l'or ou l'argent. Bientôt cet or ou cet argent ne furent plus uniquement pesés; on en détacha des morceaux qu'on façonna et sur lesquels on mit une empreinte : — la monnaie était trouvée, la monnaie qui devait servir d'intermédiaire pour toutes les transactions possibles.

Le règne de la monnaie fut long, car il dure encore, mais on comprit bientôt cependant qu'il y avait beaucoup de difficultés inhérentes au transport de cette monnaie, surtout lorsqu'il s'agissait de sommes considérables et de grandes étendues de chemin à traverser. Quelques marchands commencèrent à accepter des *reconnaissances* ou *billets* de leurs débiteurs, et par un nouveau progrès la lettre de change fut inventée. Il serait difficile d'établir quelle fut la première nation qui se servit de lettres de change; nous les voyons apparaître simultanément de plusieurs côtés : en France, nous nous bornerons à citer un document qui ne peut être révoqué en doute, et qui prouve que la lettre de change était en usage dans le midi de la France dès le milieu du xiiie siècle : c'est un manuscrit datant de l'an 1251, qui contient les statuts de la ville d'Avignon, et, parmi ces divers statuts, un règlement spécial intitulé *de litteris Cambii*, (des lettres de change).

Des commerçans qui se servaient de lettres de change avaient naturellement et depuis longtemps des banquiers, des changeurs; mais ceux-ci s'étaient bornés à prêter de l'argent et à échanger les monnaies étrangères contre des monnaies ayant cours dans la localité et *vice versâ* : la création de la lettre de change en élargissant les bases du crédit, élargit aussi le cercle des opérations des banquiers, et bientôt il se fonda, dans diverses villes importantes, des maisons de banque proprement dites, se livrant à des opérations multiples.

Nous ne suivrons pas les banques dans les diverses espèces de transactions dont elles furent le centre ou les intermédiaires ; nous nous arrêterons seulement à l'époque actuelle, en donnant quelques détails sur la Banque de France dont les attributions sont très variées, qui est l'intermédiaire obligé de toutes les grandes opérations et qui est le régulateur du crédit de la France.

La Banque de France, fondée en 1800, à un capital minime, a rendu de grands services au commerce. Seulement à ses débuts son action était fort circonscrite, son centre d'opérations n'embrassait que Paris, et son crédit était peu développé. Pendant les deux premières années, c'est à peine si elle peut maintenir à ses billets une circulation de 25 millions, et ses escomptes ne s'élèvent qu'à 200 millions. En 1810, le total des valeurs escomptées monte à 715 millions, et la circulation en atteint 117 pour une réserve métallique de 49 millions. A partir de cette époque, et pendant 29 ans, les escomptes oscillent entre 200 millions et 600 millions, pour atteindre en 1839 le chiffre de 1,186 millions avec une circulation de 215 et un encaisse de 213 millions ; en 1856, la masse de papier escompté s'élève à 4,674 millions, le portefeuille de fin d'année renferme 511 millions de valeur, l'encaisse est de 166 millions et la circulation atteint 621 millions. En 1857, le capital de la Banque est porté à 182,500,000 francs.

En présence de ces chiffres, il convient de dire quelles sont aujourd'hui les opérations de la Banque de France : au lieu d'opérer dans un centre unique, elle a cinquante et une succursales, notamment : Agen, Amiens, Angers, Angoulême, Annonay, Arras, Avignon, Bar-le-Duc, Bastia, Bayonne, Besançon, Bordeaux, Brest, Caen, Carcassonne, Châteauroux, Clermont-Ferrand, Dijon, Dunkerque, Grenoble, le Havre, Laval, Lille, Limoges, Lyon, le Mans, Marseille, Metz, Montpellier, Mulhouse, Nancy, Nantes, Nevers, Nice, Nîmes, Orléans, Poitiers, Reims, Rennes, la Rochelle, Rouen, Saint-Étienne, Saint-Lô, Saint-Quentin, Sédan, Strasbourg, Toulon, Toulouse, Tours, Troyes, Valenciennes.

1° Elle escompte les effets de commerce sur Paris et sur toutes les villes où elle a des succursales, jusqu'à trois mois d'échéance, à trois signatures ou même à deux signatures seulement, pour des effets créés pour fait de marchandises avec un transport d'effets publics français ou d'actions de la Banque, ou de récépissés de marchandises. (L'escompte des effets à deux signatures avec une garantie soit en rentes ou actions, soit en marchandises, a été un progrès notable dans la voie de l'élargissement du crédit. Ces rentes, ces actions ou ces marchandises remplacent la troisième signature que la Banque doit exiger pour se renfermer dans ses statuts.)

A propos des escomptes de ce grand établissement financier, nous répéterons ce que nous avons déjà dit, qu'il est le régulateur du crédit : il fixe le taux de l'intérêt, et ce taux sert de guide pour les autres banques. Pour le fixer la Banque consulte la situation monétaire du pays et celle des pays avec lesquels la France a des relations suivies : elle l'abaisse lorsque le numéraire est abondant, pour l'élever lorsque le numéraire diminue dans des proportions considérables, ou lorsqu'une crise financière conseille de resserrer les opérations, ou bien enfin lorsque l'élévation du taux de l'intérêt à l'étranger force la France d'entrer dans la même voie pour éviter l'émigration de l'argent chez nos voisins, lorsqu'ils en payent un loyer plus élevé.

2° 3° 4° La Banque fait des avances sur effets publics français, sur actions et obligations de chemins de fer, sur obligations de la ville de Paris.

5° La Banque fait des avances sur dépôts de lingots et de monnaies d'or et d'argent : un Américain, par exemple, a apporté des quadruples pour faire ses achats, il les dépose à la Banque qui lui prête à peu près l'équivalent en monnaie française ; lorsqu'il veut retourner en Amérique, il rembourse le prêt, reprend ses quadruples et évite ainsi de perdre deux fois sur le change de ses monnaies.

6° La Banque de France a le monopole de l'émission des billets de Banque payables au porteur. C'est le billet de Banque qui est le véhicule le plus rapide, le plus commode, le plus économique du commerce. Accepté partout, il remplace la monnaie et permet de faire des opérations considérables sans devoir transporter des masses de monnaies.

Nous n'énumérerons pas les autres fonctions de la Banque, nous nous contenterons d'ajouter qu'elle ouvre des comptes-courans et qu'elle donne des récépissés ou mandats payables dans toutes les villes où elle a des succursales.

Au second rang des établissemens qui rendent les plus grands services au commerce et à l'industrie, nous devons placer le Comptoir d'escompte, au capital de 40 millions, et qui a de nombreux correspondans en France et à l'étranger. Le Comptoir d'escompte a deux sous-comptoirs, celui des métaux et celui des chemins de fer. Les opérations des sous-comptoirs consistent à procurer aux commerçans, aux industriels et aux agriculteurs, soit par engagement direct, soit par aval, soit par endossement, l'escompte de leurs titres et effets de commerce auprès du comptoir principal, moyennant des sûretés données au sous-comptoir par voie de nantissement des marchandises, récépissés des magasins de dépôt, titres, actions de chemins de fer et autres valeurs et droits incorporels, ainsi qu'au moyen de garanties hypothécaires (1).

Les opérations du Comptoir d'escompte consistent principalement à escompter les effets de commerce, payables à Paris, dans les départemens *et à l'étranger*; les engagemens souscrits à l'ordre des sous-comptoirs, les billets à son ordre, accompagnés de récépissés, de dépôts de marchandises, et en général toutes sortes d'engagemens à ordre, à échéance fixe, résultant de transactions commerciales et industrielles.

Il y a des comptoirs d'escompte fondés à peu près sur les mêmes bases, à Allais, Angoulême, Caen, Colmar, Dôle, Issoudun, Lille, Mulhouse, Sablé, Saint-Jean-d'Angely, Sainte-Marie-aux-Mines et Alger. Le Comptoir d'escompte de Paris vient aussi de fonder le *Crédit colonial* en créant des banques dans quelques-unes des possessions françaises, afin d'aider au développement de l'industrie.

Le *Crédit foncier de France*, institué au capital de 25 millions de francs, a principalement pour objet de prêter, sur première hypothèque, aux propriétaires d'immeubles, des sommes remboursables à long terme par annuités, de manière qu'au bout d'un certain

---

(1) Depuis le mois de décembre 1860, le *sous-comptoir des métaux* a agrandi le cercle de ses opérations, et il a été autorisé à se transformer en *Sous-Comptoir du Commerce et de l'Industrie*. Quelques chiffres suffiront pour indiquer l'importance du sous-comptoir des métaux depuis son origine (1848) jusqu'à décembre 1860.

Valeur en francs.   NANTISSEMENS REÇUS.

74,304,087,55 en marchandises, fers, fontes, cuivres et autres métaux *déposés dans les magasins de Paris.*
84,095,809,35 id. *déposés dans les magasins de province.*
35,146,898,35 en actions et obligations diverses.
16,063,345,95 en titres et autres valeurs.

209,610,141,20 sur lesquels les sommes avancées se sont élevées à fs 123,759,911 50 c.

temps le remboursement se trouve effectué en capital et intérêts.

Cette institution, qui a pour but de dégrever successivement la propriété de l'usure, rend les plus grands services au commerce et à l'industrie en aidant l'agriculture, à laquelle elle prête aussi son concours pour l'établissement du *drainage*.

L'adjonction au Crédit foncier du sous-comptoir des entrepreneurs qui ressortissait d'abord au Comptoir d'escompte, donne une grande impulsion à l'industrie du bâtiment, en permettant d'y affecter des prêts à longs termes.

La société du *Crédit mobilier* créée au capital de 60 millions, rend de grands services au commerce et à l'industrie en aidant à la formation de sociétés de chemins de fer, de navigation, de canaux, de mines et d'autres travaux publics.

La *Société générale de Crédit industriel et commercial*, au capital de 60 millions, se livre à l'escompte, facilite les emprunts, et reçoit en comptes-courans des capitaux dont elle paye l'intérêt.

La société du *Crédit maritime*, capital 30 millions, a pour objet de créer à la France de nouveaux débouchés et d'étendre ceux qui existent.

La *Caisse générale des Chemins de fer* (capital 50 millions) s'occupe principalement de la création de sociétés pour l'exploitation de mines et d'usines à gaz, de la création de chemins de fer; — c'est à cette société qu'est due la transformation de Marseille.

La *Caisse centrale de l'Industrie*, au capital de 5 millions, s'occupe de la formation de sociétés industrielles, et vient aussi en aide à l'industrie du bâtiment.

Notre énumération deviendrait bien longue si nous devions citer même simplement le nom de tous les établissemens financiers et industriels dont le but est de venir en aide au commerce et à l'industrie, et de coopérer à leur développement; nous ne ferons plus qu'une seule exception en mentionnant le *Comptoir central de crédit*, qui a pris pour point de départ de ses opérations *le crédit basé sur l'échange*, c'est-à-dire qui parvient à opérer des échanges entre les industries les plus diverses sans l'emploi du numéraire.

———

Il suffit d'un peu de réflexion pour comprendre que les échanges commerciaux, du moment qu'ils ont pris une certaine extension, ont dû donner lieu à des contestations qui engendraient des procès. Nous voyons que, déjà dans une haute antiquité, on s'était rendu compte de la nécessité d'instituer pour les commerçans des magistratures particulières, ayant pour mission de juger les contestations qui n'étaient pas de nature à pouvoir être appréciées toujours par des juges civils. Athènes et Rome avaient des juges pour les corporations d'arts et métiers; en Grèce, — on le voit dans un des *Dialogues* de Lucien, — il y avait des arbitres pour les différends résultant de la navigation. Les empereurs romains avaient nommé des magistrats particuliers pour juger tous les différends qui s'élèveraient entre les artisans ou les commerçans (1).

La nécessité d'institutions semblables explique comment elles ont dû survivre à la décadence de l'Empire, et comment les Visigoths mêmes protégeaient par une magistrature spéciale les marchands qui voyageaient au dehors. Cependant, ce n'est que par induction que nous pouvons savoir que des peuples plus civilisés que les Visigoths n'ont pas laissé périr une institution protectrice de leur industrie et de leur commerce, car ce n'est qu'après un intervalle de plusieurs siècles que nous retrouvons les traces de ces tribunaux spéciaux, d'abord en Italie, puis à Marseille et dans la Catalogne.

On peut affirmer que la France a eu des juges et des cours maritimes depuis la seconde race. Nous trouvons dans les *Assises de la Basse-Cour de Jérusa-*

———

(1) DEPPING. — Histoire du commerce entre le Levant et l'Europe.

lem (code rédigé par les Francs qui étaient partis pour les Croisades avec Godefroy de Bouillon) un passage qui reconnaît, de la manière la plus explicite, la compétence *d'un code de mer pour les affaires pécuniaires des marchands*. Ce code décide également que, dans ces cours exceptionnelles, on doit admettre les témoignages écrits ou verbaux, *au lieu des combats judiciaires* usités dans les causes civiles. Voici les termes mêmes que nous copions dans les *Assises de Jérusalem :* « Bien sachiez sil homes qui vont sur « mer, se il avient que il aient acun contrast o leurs « mariniers de gater pour mautens ou pour acun « autre chose dou vaisel, la raizon coumande que « ce soit jugié par la court de la mer, *pour ce que en* « *la court de la mer n'a point de bataille pour preuve* « *ne pour demande de celui veage*, et en la court *des* « *bourgeois* DOIT *avoir bataille*, se la querelle passe « un marc d'argent. » Ce passage ne prouve-t-il pas une fois de plus que ce sont le commerce et l'industrie qui ont toujours été les auxiliaires de la civilisation?

Revenons aux magistrats spéciaux pour les commerçans. Nous voyons, d'après divers documens, que dans la France méridionale il y avait de ces magistrats spéciaux qui avaient reçu le nom de *consuls;* nous voyons même que ces consuls avaient des attributions fort diverses; ainsi ceux des corps municipaux avaient entre autres fonctions la police des marchés, sans être spécialement institués pour le commerce et l'industrie.

Les statuts de Marseille rédigés au xiiie siècle prouvent que cette ville possédait déjà des consuls à cette époque, et des lettres de Philippe III, de l'an 1279, ordonnent de désigner pour chaque navire sortant du port d'Aigues-Mortes un juge qui prononcera sur les contestations des marins.

Les lettres du roi Jean parlent en 1351 des consuls des tailleurs de Montpellier. Il y avait même en cette ville un consul des marchands de balais. Les consuls des différentes corporations étaient subordonnés à des consuls de mer qui avaient le pouvoir de conclure des traités de commerce avec les villes de France, d'Italie et d'outre-mer.

Bientôt nous retrouvons des consuls dans toutes les villes commerçantes ; mais, peu à peu, leurs attributions changent ; on défère toujours à une juridiction spéciale les contestations des commerçans, mais les consuls sont plus spécialement chargés de veiller aux intérêts du commerce, et, pour atteindre ce but, ce n'est bientôt plus dans leurs propres villes que les nations commerçantes établissent des consuls, c'est dans les autres villes qu'ils les envoient et qu'ils les accréditent comme leurs représentans.

Dès le moyen âge, Marseille avait envoyé des consuls en Syrie. Du reste, les *Assises de Jérusalem* qui, comme nous l'avons dit, constituèrent le code des Français en Palestine, avaient établi une *cour de commerce* dans la fonde de Saint-Jean-d'Acre, tant pour les marchands chrétiens que pour les indigènes de la Syrie, les Juifs, les Sarrasins, les Arméniens. Cette cour devait se composer d'un bailli, homme de bonne renommée et ami de la justice, et de six jurés *d'un caractère loyal*, savoir deux chrétiens et quatre Syriens, sans doute parce que les transactions entre les gens du pays ou entre chrétiens et Syriens étaient plus fréquentes que celles qui avaient lieu entre les chrétiens eux-mêmes.

C'est cette cour de la fonde qui fut le premier type des consulats établis en Syrie et ailleurs depuis l'époque des Croisades. En 1187, le marquis de Montferrat, devenu seigneur de Tyr, permit aux Marseillais d'établir un consul dans cette ville ; trois ans après, Guy de Lusignan en accepta un dans la ville d'Acre. Deux siècles plus tard, nous trouvons des consuls de Narbonne à Constantinople et à Rhodes, des consuls de Montpellier à Rhodes et dans l'île de Chypre ; bref, l'institution des consulats va toujours grandissant avec les progrès du commerce et l'extension des relations ; bientôt la monarchie française en établit dans la plupart des centres commerciaux du globe , et toutes les nations commerçantes en envoient chez nous.

Nous avons dit que les attributions des consuls s'étaient successivement modifiées. Le jugement des contestations entre négocians ou pour actes de commerce a été déféré à des *tribunaux de commerce* dont les membres sont élus annuellement parmi les commerçans notables. Il y a des tribunaux de commerce dans tous les centres commerciaux de la France, qu'ils soient chefs-lieux d'arrondissement ou simplement chefs-lieux de canton. Les décisions des tribunaux de commerce sont sans appel lorsque l'objet de la contestation ne dépasse pas 1,500 fr.

Outre les tribunaux de commerce, il y a dans tous les centres industriels des *conseils de prud'hommes* dont les membres sont choisis en nombre égal parmi les industriels (patrons) et les ouvriers. Ces conseils de prud'hommes font l'office de magistrats conciliateurs, comme les juges de paix pour les causes civiles, et leur compétence est sans appel jusqu'à 200 fr.

Pour quelques grandes industries il existe encore des *chambres* ou *syndicats :* c'est devant ces chambres ou syndicats que les tribunaux de commerce renvoient souvent l'instruction des contestations entre négocians, lorsque ces contestations touchent à des questions spéciales, afférentes à ces syndicats.

Une autre partie des attributions primitives des consuls est devenue l'apanage des *chambres de commerce.* Il y a des *chambres consultatives de commerce* dans toutes les grandes villes commerçantes et industrielles. Comme leur nom l'indique, ces chambres sont appelées à émettre leur avis sur toutes les questions qui touchent au commerce. Elles centralisent tous les renseignemens de leurs ressorts, elles ouvrent des enquêtes, elles délibèrent, puis elles transmettent au gouvernement le résultat de leurs délibérations et prêtent ainsi au pouvoir central l'appui des lumières de leurs membres pour la solution des questions douanières, pour la conclusion des traités de commerce et de navigation, etc., etc.

L'enquête commerciale et industrielle ouverte en 1850 par la chambre de commerce de Paris, a eu d'excellens résultats et un grand retentissement. Une enquête semblable se poursuit en ce moment, mais les résultats ne seront publiés qu'en 1862.

Les chambres de commerce ont presque toutes organisé des bibliothèques où les négocians peuvent trouver des renseignemens spéciaux. La bibliothèque de la chambre de commerce de Paris est surtout riche en documens précieux.

—

Nous venons de parler des traités de commerce et de navigation que le gouvernement conclut avec les puissances étrangères.

Les traités de commerce sont la manifestation de la politique commerciale des nations. Deux systèmes ont successivement prévalu : le système protecteur dont la dernière expression est la prohibition, le système libéral, dont la dernière expression est le libre-échange.

Le système protecteur, afin de garantir les produits nationaux de la concurrence étrangère, frappe les produits étrangers de droits très élevés ou même il repousse ces produits par une prohibition absolue; en même temps, s'il ne va pas jusqu'à prohiber à la sortie les matières premières, il fait payer des droits très élevés à ces matières premières que l'étranger vient chercher pour les vendre ensuite manufacturées.

Le système libéral au contraire ne lève pas tout d'un coup toutes les prohibitions, et ne supprime pas en même temps tous les droits : il établit une échelle décroissante des droits protecteurs, afin d'habituer peu

à peu les producteurs nationaux à soutenir la concurrence étrangère ; il abaisse tous les droits d'entrée en
faveur des nations qui lui offrent des avantages ré-
ciproques : s'il contribue ainsi à restreindre pour la
fabrication nationale l'étendue et l'importance de la
consommation intérieure, il ouvre par contre à l'industrie les vastes débouchés de l'extérieur, et prélude
ainsi au libre-échange entre toutes les nations.

La différence de ces systèmes nous force d'expli-
quer les mots *balance du commerce* ou *balance commerciale*, qui ont été employés si souvent dans l'examen
des questions se rapportant aux traités de commerce
et de navigation.

Une nation importe annuellement dans un autre
État des marchandises représentant, par exemple,
100 millions de francs ; si cet autre État n'importait
chez elle que pour 80 ou 90 millions de marchandises,
on disait que la *balance commerciale* était favorable
à la première nation. Si cet État importait au contraire
pour 110 ou 120 millions de marchandises, on disait
que la *balance du commerce* était défavorable à la
première nation parce qu'elle était obligée de *solder
en numéraire*, c'est-à-dire de payer en argent l'excédant des marchandises qu'elle avait reçues sur celles
qu'elle avait exportées.

Les économistes des diverses écoles se sont livré
de nombreux combats autour de cette théorie ; aujourd'hui il est généralement admis que la *balance
commerciale*, telle qu'on l'entendait, ne présente aucune importance, parce qu'en définitive le numéraire
qui formait l'excédant d'un côté ou de l'autre, ne
constitue lui-même qu'une marchandise, et parce
qu'un peuple ne s'appauvrit pas par les exportations
qu'il reçoit. En effet, s'il reçoit des matières premières
qu'il transforme en produits manufacturés, il béné-
ficie de toute la plus-value de la main d'œuvre, et
alors plus le chiffre des importations se sera élevé
d'un côté, plus aussi le chiffre des exportations aura

été croissant de l'autre. Un économiste célèbre a d'ailleurs détruit par deux exemples la théorie de la balance commerciale.

Un armateur français exporte pour 200,000 francs de produits qu'il envoie à New-York ; à New-York il prend, comme cargaison de retour, des cotons bruts qu'il ramène au Havre, où ces cotons sont vendus 350,000 francs ; lorsque ces cotons seront manufacturés, ils auront une valeur d'au moins 400,000 francs, et la France aura bénéficié : 1° du bénéfice fait sur la première exportation, 2° de la plus-value sur les cotons bruts et sur les cotons manufacturés. Cependant, selon la théorie de la balance du commerce, il faudra inscrire : exportations, 200,000 fr., importations, 350,000 ; perte pour le pays 150,000 fr., tandis que la vérité sera : exportations, 200,000, importations, 350,000, bénéfice : 40,000 fr., que l'armateur a gagnés sur ses exportations à New-York, plus 70,000 fr. qu'il a gagnés sur le coton qu'il a importé, sans tenir compte de la plus-value qu'obtiendront ces mêmes cotons après avoir été manufacturés.

Le second exemple de l'inanité de la théorie de la balance commerciale est encore plus frappant. Un armateur envoie aux Indes un navire chargé de 500,000 fr. de marchandises manufacturées ; ce navire fait naufrage corps et biens ; rien n'est sauvé de cette riche cargaison, dont le prix total forme une perte sèche de 500,000 fr. pour l'armateur et pour le pays même. Cependant la théorie de la balance commerciale inscrit une sortie de 500,000 fr., qui, n'étant représentée par rien à l'entrée, augmente le total des exportations de 500,000 fr. et constitue ainsi en apparence un bénéfice d'un demi-million, là où il y a *perte* réelle, irrémédiable de la même somme.

Le système de la balance commerciale a été abandonné, et c'est le système progressivement libéral qui l'a emporté dans les conseils du gouvernement. Tous les traités conclus récemment portent le signe de cet esprit qui se développe surtout dans le traité avec l'Angleterre, traité qui consacre de la manière la plus large une diminution successive des droits, afin d'arriver à la plus grande somme d'échanges possible entre les deux nations.

« Le traité avec l'Angleterre, dit un publiciste, porte profondément l'empreinte de cette pensée d'intérêt public, que le premier et le plus respectable des intérêts est celui du consommateur, que la production est faite pour la consommation, et que par le moyen de l'aiguillon de la concurrence extérieure le producteur doit sans cesse être mis en demeure de s'approprier les perfectionnemens conçus ou mis en œuvre en quelque lieu que ce soit. »

Nous devons ajouter que le gouvernement a pris toutes les mesures pour adoucir ce qu'une trop brusque modification pouvait entraîner d'inconvéniens pour les producteurs français. S'il est vrai que la concurrence les force de lutter contre une nation dont l'outillage industriel est beaucoup plus perfectionné et dont les manufacturiers, par l'importance des capitaux dont ils disposent, peuvent mettre en œuvre des moteurs bien plus puissans que ceux dont disposent les manufacturiers français, il est juste de faire remarquer que le gouvernement de la France a tenu compte de cette difficulté, et qu'il a mis à la disposition de nos industriels un capital considérable, qui, réparti sous forme de *prêts à l'industrie*, est destiné à améliorer ou à renouveler complétement l'outillage industriel de nos grandes manufactures.

C'est grâce à cette sage précaution, qui préviendra les effets que pourrait produire une secousse trop forte, que nous pouvons prédire que la convention avec l'Angleterre et tout l'ensemble du système dont cette convention est l'expression exerceront une influence considérable sur la prospérité publique, et produiront bientôt pour la France des résultats analogues à ceux que l'Angleterre a obtenus de l'application de son système libéral.

Le libre-échange est, nous l'avons dit, la dernière expression du système libéral : c'est au libre-échange que tendent instinctivement tous les peuples, parce que c'est ce système seul qui peut toujours mettre la production au niveau de la consommation, en transportant les produits là où les consommateurs les réclament.

Il est encore quelques questions de détail, ou du moins qui paraissent telles, et qui, cependant, ne laissent pas de semer de difficultés le développement des relations commerciales entre les nations. Nous voulons parler de la diversité des monnaies, de la diversité des poids et mesures.

Chez beaucoup de peuples, l'empire de l'habitude est tel, qu'il faudra de longues années pour obtenir des producteurs comme des consommateurs qu'ils remplacent les dénominations et les valeurs actuelles par d'autres dénominations et d'autres valeurs, alors même que les lois de chaque pays en auraient fait une obligation. Il suffit de se rappeler, à ce sujet, les difficultés que le gouvernement a rencontrées en France pour faire renoncer les populations aux mesures et aux dénominations qui étaient en usage dans les diverses provinces, et aujourd'hui encore, malgré toutes les exhortations, on ne peut obtenir qu'un sac de froment à Rouen soit l'équivalent comme poids d'un sac de froment sur le marché de Marseille, et qu'un tonneau de vin de Bordeaux soit de même contenance qu'un tonneau de vin de Bourgogne.

Du reste, des progrès notables ont été faits depuis quelques années dans la voie de l'unification : les hommes éclairés de tous les pays reconnaissent la supériorité du système décimal sur tous les autres systèmes, et les avantages incontestables qui découlent de l'adoption du système métrique français, qui a une base permanente et uniforme : de l'approbation du principe à l'adoption du système il n'y a qu'une question de temps, et déjà plusieurs États ont officiellement adopté les monnaies, les mesures et les poids français. (La Confédération germanique elle-même, qui semblait avoir le plus de répugnance pour notre système métrique, l'a adopté en février 1861.)

———

Nous avons cherché, dans le cours de ce petit ouvrage, à faire connaître non-seulement l'histoire du commerce et de l'industrie, mais aussi à faire comprendre le mécanisme des opérations commerciales, en énumérant les moyens dont disposent les négocians. Pour compléter notre travail, nous croyons devoir joindre ici la définition de quelques mots qui appartiennent plus particulièrement à la langue commerciale :

Assurances. — Les assurances s'appliquent à des risques de natures diverses. Après les assurances maritimes et les assurances contre l'incendie, nous devons mentionner, au point de vue commercial, les assurances agricoles, contre la grêle, contre les inondations, contre la mortalité, et les assurances contre les faillites.

Baraterie. — On nomme *baraterie* l'action par laquelle un capitaine de vaisseau fait perdre volontairement à son armateur en tout ou en partie la cargaison de son navire, ou le navire même qui lui est confié.

Bourse. — Ce nom a été donné aux édifices dans lesquels se réunissent les négocians, soit pour les opérations sur les titres de rentes et actions et pour la négociation des lettres de change (opérations financières), soit pour les opérations commerciales proprement dites. On n'est pas d'accord sur l'origine du mot bourse. Selon quelques personnes, on avait nommé bourses les premières maisons où se réunirent les négocians, parce que ces maisons auraient été louées ou achetées à frais communs, à bourses communes ; selon d'autres étymologistes, ce nom serait dû à un certain *Van de Borse*, grand négociant de Bruges, qui offrit sa maison comme lieu de réunion aux marchands de cette cité flamande.

CONNAISSEMENT. — Le connaissement d'un navire, ou *police de chargement*, est la reconnaissance, donnée par le capitaine, des marchandises qu'il s'est obligé à transporter : elle remplace, pour les transports sur mer, la lettre de voiture usitée pour les transports sur terre. Le connaissement représentant les marchandises peut être négocié par voie d'endossement.

CONDITION DES SOIES. — L'air au milieu duquel se trouve un ballot de soie s'infiltre peu à peu dans ce ballot. Si l'atmosphère est humide, la soie devient plus pesante ; elle perd, au contraire, de sa pesanteur lorsqu'elle se trouve dans un endroit complétement sec. Afin d'obvier à cette différence de poids, on a créé la *condition des soies*, c'est-à-dire un établissement où les soies sont pesées après avoir été ramenées à un degré de siccité absolue.

DOCKS. — Ce mot provient d'un verbe allemand qui signifie couvrir, garantir. Les premiers docks étaient des bassins bordés de magasins dans lesquels les marchandises étaient emmagasinées à mesure qu'elles étaient débarquées. Le capital employé pour la construction des docks de Londres dépasse 250 millions de francs. Aujourd'hui, les docks ne sont plus seulement des bassins : on a donné également ce nom à de vastes magasins qui, par leur installation et leur organisation, réalisent la transmission économique des marchandises. Lorsque la marchandise est arrivée dans les docks, il en est délivré au propriétaire un récépissé qui prend le nom de *warrant*. Ces warrans sont transmissibles par simple voie d'endossement, et cet endossement équivaut à la vente de la marchandise représentée par le warrant. Des docks sont établis à Paris, au Havre et à Marseille. Le commerce français espère obtenir de cette institution de très grands résultats par la nouvelle facilité qu'elle offre pour la transmission des marchandises, sans exiger de manutention.

DOUANES. — Si cet impôt remonte à une haute antiquité, le mot qui le désigne chez nous est d'origine celtique. Douane vient de *doan*, nom que les Gaulois donnaient au droit perçu par les Romains sur les marchandises. Les droits de douanes établis primitivement pour procurer de l'argent aux gouvernemens devinrent aussi une arme commerciale destinée à repousser les marchandises qui, de l'étranger, venaient faire concurrence aux produits de l'industrie d'un pays. Comme nous l'avons dit plus haut, la convention commerciale avec l'Angleterre est un pas décisif fait par le gouvernement français vers l'abaissement graduel de tous les droits de douanes.

CABOTAGE. — C'est le nom donné à la navigation qui se fait le long des côtes, et de manière, en quelque sorte, à ne jamais perdre la terre de vue ; c'est, à proprement parler, la navigation de *capotage*, de cap en cap. On peut dire que jusqu'à la découverte de la boussole, et sauf de rares exceptions, toutes les expéditions maritimes se réduisaient au cabotage. Le cabotage, ne faisant qu'opérer des déplacemens de marchandises d'un lieu de France à un autre lieu de France, ne donne pas ouverture à l'application des tarifs de douanes. Aussi le cabotage est-il exclusivement réservé aux bâtiments français. Certains navires espagnols et ceux qui sont frétés par le gouvernement font seuls exception à cette règle.

ECHELLE OU ESCALE. — Faire échelle ou escale se dit de la course intermittente des navires marchands qui touchent successivement aux diverses places échelonnées sur leur route, pour y relâcher ou y trafiquer, s'avançant ainsi par degrés vers leur destination.

Echelle mobile. — On a donné ce nom à des droits sur l'entrée et la sortie des grains, qui s'élèvent ou s'abaissent d'après les prix des grains sur les marchés régulateurs, c'est-à-dire sur les grands marchés d'approvisionnement de l'Empire. Lorsque le prix du seigle ou du froment descend au delà d'une certaine limite, et que ce prix n'est plus considéré comme rémunérateur pour l'agriculture, on prohibe le seigle ou le froment à l'entrée ; lorsqu'au contraire les prix ascensionnels ont dépassé une certaine limite et que le grain atteint un prix trop élevé pour la consommation, on prohibe la sortie des grains et on affranchit de tout droit l'entrée des grains étrangers.

Commerce général. — Dans les publications annuelles du gouvernement (Tableau général du commerce de la France avec ses colonies et les puissances étrangères), le nom de *commerce général* à l'importation embrasse *tout* ce qui est arrivé de l'étranger ou des colonies françaises, par terre ou par mer, sans égard à l'origine première des marchandises, ni à leur destination ultérieure, soit pour la consommation, soit pour la réexportation ou le transit.

À l'exportation, le *commerce général* se compose de toutes les marchandises qui passent à l'étranger, sans distinction de leur origine française ou étrangère.

Commerce spécial. — Par opposition au commerce général on donne, dans les publications de la Direction du commerce, le nom de *commerce spécial* à l'importation des marchandises arrivant de l'*étranger* ou des colonies et qui entrent dans la consommation intérieure du pays.

Le *commerce spécial* à l'exportation ne comprend que les marchandises nationales et celles qui, nationalisées par le payement des droits, sont ensuite exportées.

Il est à remarquer que les chiffres du commerce spécial peuvent, dans certains cas donnés, dépasser pour quelques articles ceux du commerce général pour ces mêmes articles, ce qui paraît une anomalie puisqu'en apparence du moins la partie serait plus grande que le tout. Cette anomalie cesse d'en être une lorsqu'on tient compte que le commerce général comprend les marchandises mises en entrepôt ou déclarées en transit : si le commerce spécial ne retire ces marchandises des entrepôts que dans l'année qui suit les entrées, la valeur de ces marchandises figure uniquement au commerce spécial dont les chiffres peuvent ainsi dépasser ceux du commerce général.

DRAWBACK. — Ce mot désigne le remboursement qu'obtiennent certains produits fabriqués, de l'équivalent qui a été payé à l'entrée pour les matières premières de ce produit.

ENTREPÔTS. — Ce nom a été donné aux locaux où les commerçans ont été autorisés à déposer temporairement les marchandises qu'ils ne veulent ou ne peuvent vendre sur-le-champ, et pour lesquelles ils veulent conserver la faculté, soit de les réexporter en franchise de droits, soit de n'en acquitter les droits qu'au moment même où ces marchandises seront livrées à la consommation intérieure. — L'origine des entrepôts remonte en France à Colbert.

L'entrepôt réel se fait dans un magasin spécial, fermé à deux clés dont l'une est entre les mains de l'établissement chargé de fournir et d'entretenir ce magasin, l'autre entre les mains de la douane pour qui la marchandise est le gage des droits. Dans *l'entrepôt fictif*, les marchandises sont laissées à la disposition des négocians, dans leurs propres magasins, mais avec l'engagement de l'entrepositaire de réexporter ces marchandises ou d'en payer les droits avant le terme fixé pour la fin de la durée de l'entrepôt fictif.

MARQUES DE FABRIQUE ET DE COMMERCE. — Ces marques ont pour but d'indiquer l'origine des produits ou le nom du commerçant qui les vend. La loi punit la contrefaçon et l'imitation des marques de fabrique et de commerce, ou l'usage des marques contrefaites ou imitées.

VALEURS ACTUELLES. — Dans les publications du gouvernement, on donne le nom de *valeurs actuelles* à la valeur des marchandises résultant de l'estimation donnée dans le cours de l'année aux divers objets, conformément aux décisions des Chambres de commerce et d'une Commission instituée près le département de l'agriculture, du commerce et des travaux publics. Cette Commission porte le nom de *Commission permanente des valeurs.*

VALEURS OFFICIELLES. — Par opposition aux valeurs actuelles, on donne, dans les publications de la Direction du commerce, le nom de *valeurs officielles* à celles qui sont le résultat d'un tarif invariable, arrêté en 1827. Comme on le comprend, ce tarif n'est qu'une fiction, car il est tel objet que les perfectionnemens successifs de l'industrie permettent aujourd'hui de livrer avec une différence de 80 et de 90 p. 0/0 au-dessous du prix fixé en 1827, tandis qu'il existe certaines matières premières, certains produits naturels, qui ont doublé et triplé de prix dans le même intervalle. Le but de cette fixation de valeurs, d'après un prix fixe et invariable, est de permettre de mieux suivre et de mieux comparer chaque année le mouvement des objets en *nature* et dégagés des fluctuations perpétuelles des prix qui constituent *la valeur-actuelle.*

Imprimerie E. CORNILLAC, à Châtillon-sur-Seine (Côte-d'Or).

BIBLIOTHÈQUE PHILIPPART

100 VOLUMES

*Chaque volume forme un ouvrage complet et se vend
séparément.*

1	Alphabet avec syllabaires.	51	Histoire de Napoléon 1er.
2	Civilité chrétienne.	52	— de Paris.
3	Tous les genres d'écriture.	53	— d'Angleterre.
4	Grammaire de Lhomond.	54	— d'Allemagne.
5	Exercices français.	55	— de Russie.
6	Corrigé des exercices.	56	— d'Italie.
7	Traité des participes.	57	— d'Espagne et Portugal.
8	Cours d'analyse grammaticale.	58	Chronologie universelle.
9	Cours d'analyse logique.	59	Victoires et conquêtes.
10	Le bon langage enseigné.	60	Histoire de la marine française.
11	Vie de N.S.J.C. et de la Se Vierge.	61	— de la Chine.
12	Les Apôtres et les Martyrs.	62	Découverte de l'Amérique.
13	Vie des Saints.	63	Biographie des hommes utiles.
14	Vie des Saintes.	64	— hommes célèbres (français).
15	Beautés de l'Imitation de J. C.	65	— — (étrangers).
16	Géographie générale.	66	Morale en action.
17	— de l'Europe.	67	Une lecture chaque dimanche.
18	— de l'Asie.	68	Morceaux de littérature (prose).
19	— de l'Afrique.	69	— — (vers).
20	— de l'Amérique.	70	Fables choisies de La Fontaine.
21	— de l'Océanie.	71	— de Florian.
22	— de la France.	72	Racine. *Athalie* et *Esther.*
23	Voyage autour du monde.	73	Boileau. *Art poétique.*
24	Les missions célèbres.	74	La sagesse des nations.
25	Éléments de rhétorique.	75	Histoire naturelle : l'Homme.
26	Cours de narrations.	76	— Mammifères
27	Art épistolaire et ponctuation.	77	— Oiseaux.
28	Dictionnaire des synonymes.	78	— Poissons.
29	Éléments d'arithmétique.	79	Traité de minéralogie (planche).
30	Problèmes d'arithmétique.	80	— de géologie —
31	Éléments d'algèbre.	81	— de physique (figures).
32	Problèmes d'algèbre.	82	— de chimie — —
33	Éléments de géométrie (figures).	83	Éléments d'astronomie —
34	Problèmes de géométrie —	84	Traité d'agriculture. —
35	Art de lever les plans.	85	Éléments d'horticulture —.
36	Système métrique.	86	— de botanique.
37	Tenue des livres.	87	— de mécanique (figures)
38	Notions de commerce.	88	Les Pourquoi et les Parce que.
39	La France industelle et commale.	89	Inventions et découvertes.
40	Droits et devoirs du citoyen.	90	Erreurs et préjugés populaires.
41	— du commerçant.	91	Merveilles de la nature.
42	Histoire sainte.	92	— de l'art.
43	— ancienne.	93	Dessin linéaire (avec figures).
44	— romaine.	94	Traité d'architecture —
45	— grecque.	95	— de peinture et sculpture.
46	Mythologie.	96	Dessin, gravure, lithographie.
47	Histoire du moyen âge.	97	Photographie et galvanoplastie.
48	— moderne.	98	Traité élémentaire de musique.
49	— de France.	99	Conseils d'économie domestique.
50	— des Croisades.	100	Hygiène.

PARIS. — TYP. J. CLAYE.

www.ingramcontent.com/pod-product-compliance
Ingram Content Group UK Ltd.
Pitfield, Milton Keynes, MK11 3LW, UK
UKHW021450090726
13657UKWH00003B/1308